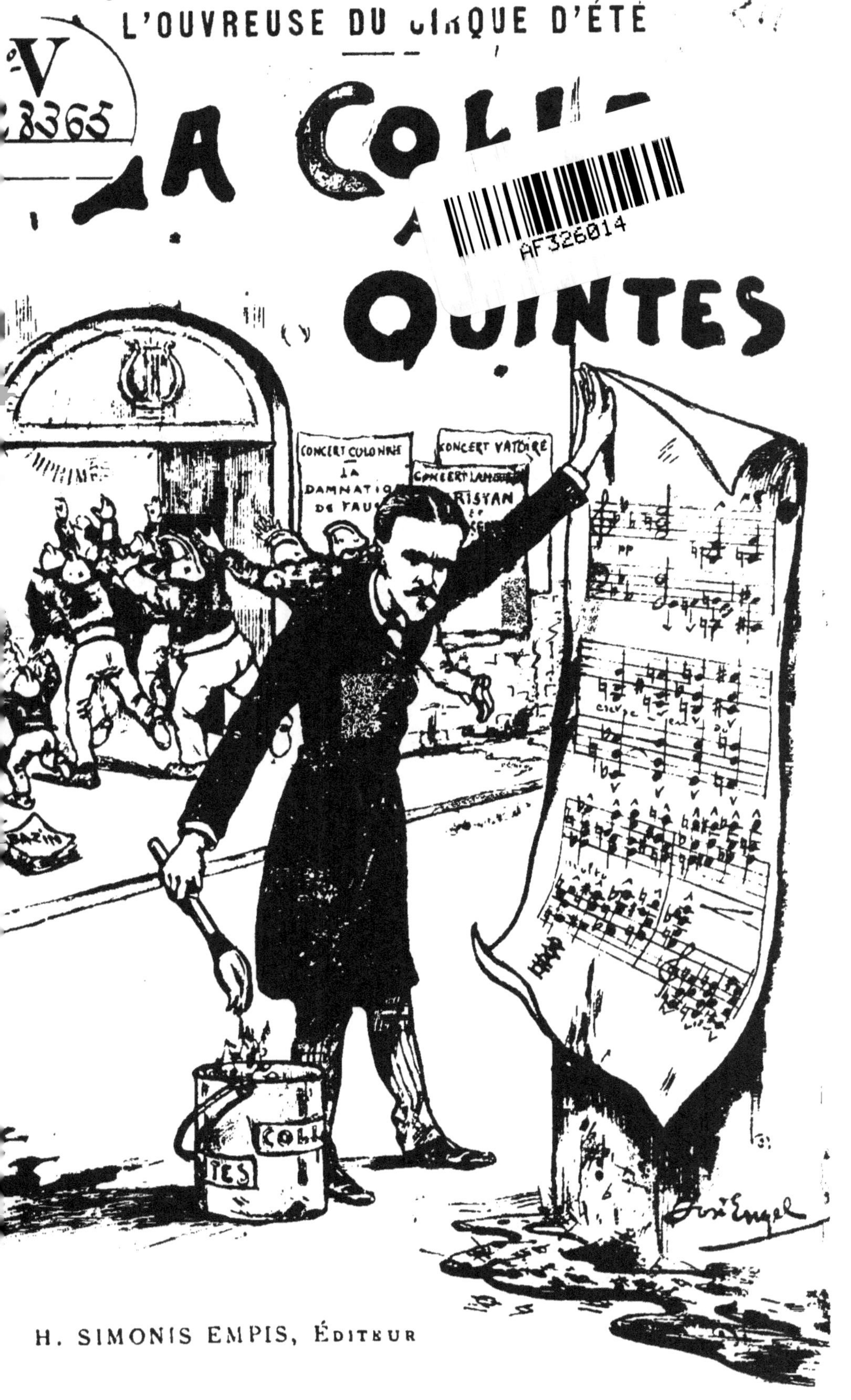
L'OUVREUSE DU CIRQUE D'ÉTÉ
LA COLLE AUX QUINTES
CONCERT COLONNE
LA DAMNATION DE FAUST
CONCERT VATOIRE
CONCERT LAMOUREUX
TRISTAN
COLLE
PES
H. SIMONIS EMPIS, Éditeur

LA COLLE AUX QUINTES

DE L'OUVREUSE DU CIRQUE D'ÉTÉ

———

LETTRES DE L'OUVREUSE (Vanier).
BAINS DE SONS (Simonis Empis).
RYTHMES ET RIRES (Bibliothèque de la Plume).
LA MOUCHE DES CROCHES (Fischbacher).
ENTRE DEUX AIRS (Flammarion).
NOTES SANS PORTÉES (Flammarion)
ACCORDS PERDUS (Simonis Empis).

DE WILLY

MAITRESSE D'ESTHÈTES (Simonis Empis).
UN VILAIN MONSIEUR (Simonis Empis).

En préparation :

CLAUDINE (Simonis Empis.)

Exemplaire N° 73

———

ÉMILE COLIN, IMPRIMERIE DE LAGNY (S.-&-M.,

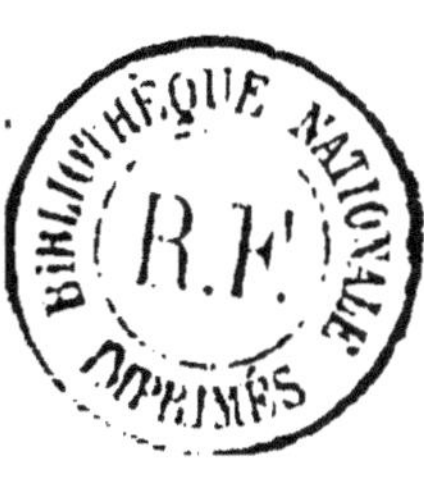

LA COLLE

AUX QUINTES

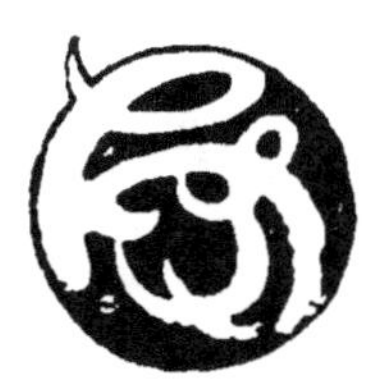

PARIS

H. SIMONIS EMPIS, ÉDITEUR

21, RUE DES PETITS-CHAMPS, 21

1899

LA COLLE AUX QUINTES

Jeudi. — A présent que M. Colonne, enfin dégrippé, sort radieux de son lit (tel le soleil quittant sa couche de brumes), je me risque, toute humble, à lui soumettre en douceur cette observation : que ses programmes de musique moderne du jeudi, si prometteurs d'inédites révélations, si fermement destinés à faire connaître au gros public (ah ! si gros !) les jeunes compositeurs français, pourraient peut-être, sans inconvénient grave, contenir le nom de quelque sujet de Félix Faure, point encore cinquantenaire, et s'occupant de musique ; car, enfin, les fragments d'*Hérodiade* exécutés aujourd'hui au Nouveau-Théâtre, je suis prête à leur reconnaître tous les mérites de sonorité, de sensualité, etc., que leur attribue, en son dithyrambique « Massenet », l'aimable musicographe Solenière, mais, comme inédit, c'est insuffisant.

J'ajoute que l'intransigeance de mon chauvinisme ne saurait être assouvie par l'audition du quintette et des lieds dus aux deux compositeurs, évidemment français, Schumann et Brahms...

Quant aux mélodies de Brahms, Mlle Marcella Pregi a su rendre, avec prégision, leur froide élégance ; l'une de ces romances est intitulée cocassement : « Mon amour est vert et ma tête est blanche ». Par ici, les poireaux !

A l'Ambigu, la musique de chambre est interprétée, de 5 à 7, par Geloso-aux-épaules-houleuses, le précis Tracol, Monteux-au-beau-son, et Schneklud, si placide !... Mlle Mathieu (d'Ancy) chante du Schubert : l'*Ave Maria* d'une simplicité touchante, je vous l'accorde, mais sur un dessin de piano crevant, puis *Marguerite au rouet*, admirable poème d'angoisse contenue. M. Delaquerrière (toujours glabre) ténorise (toujours avec succès) d'une voix blanche (toujours mauvaise) deux romances de Chabrier, les *Cigales*, bien connues, bien communes et *Pour Jeanne,* dont l'accompagnement a des tzigane-ries rubatées qui sentent le *Roi malgré lui.*

Le Tout-Public applaudit ; le jeune Levadé joue du piano comme un ange.

24 décembre 1897.

Excusez ce compendieux compte rendu, mais il m'a fallu partir brusquement pour Genève, car je voulais ouïr le *Sancho,* de Jacques Dalcroze, œuvre très curieuse, composite, où le développement wagnérien alterne avec la sanchonnette...

Dimanche. — Le froid n'a pas terrifié les habitués du Concert Chevillard, car, sous l'œil satisfait du Patron trônant en sa belle loge de face (en voilà un qui ne regarde pas à la dépense), voici venir la comtesse de Chaumont-Quitry, Mmes Hellman, Jean Girette, de Serres, comtesse de Béjarry, etc., et des flopées d'hommes, généralement moins jolis (les personnes citées sont toujours exceptées), Frédéric Febvre cramoisi sous ses cheveux blancs, — glace vanille et framboise ; — Théodore Dubois, vicomte Jaubert, Taffanel, baron Maurice Vuillet, Henri Amic, qui a du Sand dans les veines, tous hypnotisés par le programme céruléen qui dit le los de la maison Delagrave...

Antar, de Rimsky-Korsakow, est pour moi une source de joies antarissables, je l'ai déjà dit, je le répète avec une énergie nouvelle. Heureux ces Russes qui, naissant au monde musical, trouvent tout préparé, au service de leurs idées fraîches (barbares, si vous voulez, ça m'est égal), l'admirable instrument forgé par des générations de compositeurs et amené par Wagner à la perfection suprême !... Mais je n'ai pas la place de philosopher. Analysons au galop ! Quelques accords mineurs enchaînés par tierces donnent une idée suffisante du désert où Antar, dont le thème désolé se lamente aux altos, vit solitaire ; apparaît une gazelle (broderies de flûte), qui, attaquée par un oiseau gigantesque, est sauvée par Antar et lui promet, en retour, les délices de la vie, cependant qu'une mélodie exquise, en *fa dièze*, s'essore. — Les Délices de la vengeance, d'abord ; de la rage bouillonne, un thème carré retentit farouchement, « la tête du motif d'Antar », remarque Raymond Bouyer, (j'en infère qu'Antar a la tête carrée), et, scandée par les lugubres appels du gong, la marche d'un gonguérant s'évoque, stridente, implacablement dévastatrice... — Les Délices du Pouvoir, c'est surtout de la volupté ; une danse orientale, lascivement, s'étire, activée des frémissements saccadés du tambour de basque, percée de flûtes aiguës, — glapissements énervés de moukères, — et sa langueur aux cordes se prolonge pâmée... — Enfin, voici l'amour véritable, un savoureux dialogue instrumental ; la clarinette manque de souffle, le thème d'Antar s'adoucit aux flûtes ; c'est l'extase dernière, les motifs s'éteignent, la harpe baisse, Antar meurt gorgé de délices aux bras de la Fée ; Dukas exulte ; Ely-Grimard se recueille : fin du Fée-divers.

Je viens de relire ce paragraphe, il est lamentable d'insuffisance ; il ne donne pas la moindre idée de cette puissante féerie orientale, congestionnée de musique, où, pour mon goût, je préférerais peut-être moins de répétitions et plus de développements, mais ruisselante d'imprévues magnificences orchestrales, mais ciselée comme l'Alhambra, mais prodigieusement intéressante et prestigieusement interprétée.

M. Hugo Becker, violoncelliste francfortois, est un grand Monsieur barbu qui possède un mécanisme prestigieux, un son énorme, mais manque par trop de charme ; s'il a jamais un enfant avec Baretti, ce gosse sera épatant. Fort applaudi après un kilométrique concerto de Dvorak, cambronnisant à l'excès, il a dû bisser la Rêverie de Schumann. Quelqu'un, voulant entendre deux fois le douceâtre Cantabile de Cui, a crié « Bis, Cui ! » Pauvre France !...

27 décembre 1897.

Malgré la pluie rageuse, malgré les rebuffades de Leurs Excellences les cochers de fiacres, grossiers comme des députés, beaucoup de monde au Jeudi populaire de l'Ambigu, pas mal de monde au Jeudi-Colonne de la rue Blanche. Commençons par ce dernier : Mlle Marcella Pregi a fait applaudir trois airs populaires irlandais dont Beethoven daigna écrire l'accompagnement (piano, violon et violoncelle). Pour une riche idée, c'est une irish idée ! Le dernier, surtout, a beaucoup amusé, endiablé, trépidant, volubile... Puis il fallut bisser le menuet de

Lulli, coquet et coquin, un tantinet maniéré, mais qui, si joliment, minaude.

N'insistons pas sur le trio en *fa*, de Saint-Saëns, fort bien joué par Mme Roger-Miclos, par MM. Parent et Baretti, qui ne réussissent pas à rendre passionnant ce navet... je vois d'ici l'excellent Auguste Durand froncer le sourcil... Voyons, ne vous fâchez pas, ô le plus chouette des éditeurs ! votre Saint-Saëns est pourri de talent, d'accord ; dans *Samson et Dalila*, même, il y a plus que du talent par endroits, mais zut pour son trio-ténia, ce « beau trio céphale !... »

Nanny, délicate musique de Chausson, fut goûtée, comme *Kypris*, machin neo-grec (quand je dis « néo ! ») de la kitharède Holmès, comme le coco *Mariage des Roses*, péché de jeunesse à peine supérieur au romantoc *Emir de Benda-gore*, du César Franck de devant les fagots. Quant à l'*Idylle* de Chabrier, la jouer si lentement l'alourdit, empâte son élégance gracile, épointe sa finesse ironique, n'en laisse rien.

A l'Ambigu, on s'écrase pour acclamer les chanteurs de Saint-Gervais et leur chef Charles Bordes qui bat, non chaque temps, mais chaque note, avec de mystérieux gestes ondulants de magnétiseur ; on dirait qu'il fait des passes, oh ! pas des « passes » comme celles de Mlle..., mais je m'égare. A la grande joie de Maizeroy, d'Eugène Morel, d'Emile Engel (qui chantera bientôt les *Deux Grenadiers* de Schumann, si connus,

et ceux de Wagner, si inconnus), on interprète
de vieux motets, un savoureux petit concert
spirituel d'Heinrich Schutz, la Pastorale de
l'*Oratorio de Noël* (Delaquerrière malade, nous
nous tapons de l'air du ténor) ; Mme Lovano détaille avec infiniment de goût, de charme et
de succès l'allègre chanson de Marjolaine. « Las,
je suis bergère, ma bourse est légère... » où les
talents de Maurice Bouchor et de Paul Vidal se
marient si heureusement ; elle dit aussi le *Noël
Nouvelet* adroitement intercalé dans la patrio-
tique « Nuit de Noël en 1870 » par Pierné, et
enfin (d'Indy au piano) le grand air de l'archange
de *Rédemption*, la vraie, celle de César
Franck.

1er janvier 1898.

Ouf! c'est fini, le jour de l'an, avec ses mar-
rons glacés qui vous bourrent et ses dragées
qui vous écœurent, avec toutes ces giries dont
s'indigne le ramasseur de mégots chanté par
Bruant :

> Avec ses fricassé's de museau
> Où, du môme à la trisaïeule,
> Les générations s'lichent la gueule
> Tout en pensant : Crèv' donc, chameau !

La pluie a cessé, le soleil brille comme un louis neuf, le Cirque d'Été organise un concert populaire à prix réduits, y a du pied dans la chaussette !

Pas une place vide, un monde fou (comme Erik Satie) et quels auditeurs ! Je vous réponds que ce public-là ne jabotte pas pendant l'exécution des morceaux, et qu'il rend, et que son enthousiasme n'est pas à prix réduits, et qu'il vocifère son admiration, loyal, après l'ouverture des *Maîtres Chanteurs*, aussi emballé que si on lui jouait la *Marche lorraine*, ah mais ! Noyés dans cette foule ingénument exaltée, le directeur du Conservatoire, le docteur Blondel, le marquis de Gonet, l'escrimeur Chevilliard (chaud partisan de son homonyme du Cirque d'Été), un trio de chefs d'orchestre : Guy Ropartz à la barbe sans pareille, Gabriel Marie qui la connaît dans les coins et le rondelet Pister, s'étonnent de constater un auditoire parisien si vibrant, et rêvent...

Il fallait s'y attendre : électrisés par ces applaudissements gavés (car « nourris » ne serait pas assez dire), le chef d'orchestre de l'Association des Concerts-Lamoureux s'est surpassé, et ses instrumentistes aussi. Une vaillance, une ardeur, un feu, j'en suis toute frémissante encore ! Pendant le *Walkürenritt* (que je n'entendais pas pour la première fois, j'ose le dire), emportée par le thème galopeur de la Chevauchée, affolée par les trilles stridents de l'orage et le dramatique des rafales de l'orchestre, au moment où, la tête déjà perdue par l'héroïque appel des Walkyries faisant rage aux cuivres, j'ai entendu ronfler les contrebasses qui le doublent, avec des bondissements énormes de géants, je n'ai plus su ce que je faisais, plus du tout, et, pâmée, j'ai collé deux baisers — deux gros baisers, pas la taille pour enfant — sur le premier visage d'homme qui se trouvait près de moi; heureusement, c'est tombé sur un municipal, une chance, ma chère; pensez donc, j'aurais aussi bien pu m'adresser à du monde pas comme il faut! Ah ! coquine de musique, tu me feras toujours faire des bêtises !

Autant j'unis ma voix aux enthousiastes acclamations remerciant Mme Roger-Miclos (elle continue à être beaucoup plus jolie que Gaston Lemaire) de son interprétation du concerto beethovenien en *ut mineur*, dûment applaudi par Gustave Lyon, qui semble trouver au Pleyel un son charmant (je suis de son avis, d'ailleurs), autant je renâcle, ronchonneuse, contre la façon dont Chevillard conduit l'ouverture de *Tannhæuser;* ce motif religieux du début, Wagner le dit expressément, c'est un cantique de pèlerins à la tombée du jour ; or, tel qu'on l'a joué au Cirque d'Eté, hier, il ne m'a fait ressentir nul émoi, pas plus religieux que crépusculaire ; il m'a laissée froide et pourtant, Dieu sait... (Dieu !

et plusieurs créatures mortelles, de sexes divers)... Je l'ai trouvé sécot ; quant à l'Hymne chanté par Tannhæuser à Vénus, pourquoi chercher à l'atténuer, à arrondir ce que Liszt appelait les arêtes vives du ton si coloré de *si* où Wagner l'a puissamment taillé ? Il en deviendra rasant, sans jamais assumer de distinction ; alors, à quoi bon ? En revanche, tous les motifs du Vénusberg bouillonnent et flambent à souhait, et le chant des Pèlerins, quand il revient à la fin, adorant, élargi, sonne magnifiquement, magnifiquement !

Après l'ouverture des *Maîtres Chanteurs*, jouée avec une souplesse épatante et certain ralentissement qui me plaît beaucoup, la fureur des bravos a éclaté si impérieuse, si exaltée, que le général Chevillard, voulant faire participer ses soldats à une telle ovation, eut un geste des deux mains, ramasseur, *alla* Nikisch ; lors tous les instrumentistes se levèrent pour saluer l'auditoire, d'un air pénétré.

4 janvier 1898.

Un tas de Colonnisants, leur jeudi du Nouveau-Théâtre faisant relâche, sont allés se consoler hier à l'Ambigu qui, vu l'affluence, s'empressa de majorer astucieusement le prix de ses fauteuils.

Le très élégant quatuor en *ré mineur* de Mozart a conquis d'emblée le public. Ibels était charmé par le Menuet aux grâces bondissantes de ce Corot de la musique, comme il l'appelait. Puis vint Mme Jeanne Remacle, — tremblante de trac, elle qui, chez Colonne, n'a jamais peur — et nous ouïmes les *Roses d'Ispahan*, pour lesquelles ma passion déjà vieille ne s'amortit point, toujours ravie du prestige rajeunissant grâce auquel Gabriel Fauré, ce charmeur, sait terminer sa phrase avec une mignonnerie ensorceleuse... sur une cadence parfaite. Les *Heures*, d'Ernest Chausson, sont un beau poème de monotonie douloureuse, égal aux vers de Camille Mauclair, tristes comme « des yeux d'iris sans sourire... » O ces *la* répétés qui s'égrènent, mornes, tels ceux qui s'en vont « pour s'alanguir et puis mourir !... » En dépit d'une interprétation soignée jusqu'au raffinement, les auditeurs de l'Ambigu n'ont peut-être pas apprécié à sa valeur ce petit morceau de grande musique. Ils y viendront.

Tous, vous connaissez le si touchant lied d'Henri Heine, les *Deux Grenadiers*, ridiculement traduit en français, adroitement musiqué par Schumann, perpétuellement chanté par Giraudet, et vous n'imaginez pas qu'on puisse en tirer des effets nouveaux ; je ne le croyais pas

non plus ; mais Engel m'a désabusée, en le
« jouant » avec une puissance, un éclat, qui ont
emballé le public, fallait voir ! On a également
applaudi, à tort selon moi, la version wagnérienne (car Wagner, comme Schumann, comme
bien d'autres, s'est exercé sur ce thème, et,
comme bien d'autres, y a fourré la *Marseillaise*) ;
signée Meyerbeer, nous sifflerions cette scène em-
phatique : alors, quoi ? Le nom n'y fait rien, ce
« tableau dramatique » est une croûte. Mais
quel artiste qu'Engel !

Trois pièces sur des thèmes populaires « ornés
d'harmonies chatoyantes », selon le constat de
Paul Franck, furent détaillées avec succès par
Mme Remacle : *Les lauriers sont coupés*, une
bleuette délicatement exquise ; *le Furet*, très
connu, quelque chose comme le « Si vous n'avez
rien à me dire » des salons musicaux avancés ;
enfin, *Il ne pleut plus, bergère*, recélant de
menus chichis dont je ne raffole pas. L'auteur,
M. Pierre de Bréville, a composé de la musique
fort belle, et je veux croire que les concerts nous
donneront quelque jour connaissance de son
œuvre symphonique, très supérieure à ces menuailles jolies, traitées d'ailleurs avec un talent
« précieux » au sens le plus favorable du mot ;
je dis « Pierre précieux » comme « pierre précieuse ».

8 janvier 1898.

Dans une enveloppe adressée « aux bu*rr*eaux de l'*Echo de Paris* » et, vu cette orthographe casseroleuse, indubitablement envoyée par l'auteur lui-même, je trouve une coupure d'article où tous les critiques point férus de *Sapho* sont aigrement vitupérés par un vieil orphéoniste très flapi, mais que le joli travail de Massenet ranime encore, à l'occasion. Ce 'birbe saphique rappelle, avec quelque fierté, que je le traitai, jadis, de « lèche-Massenet », et, loin de protester, explique qu'effectivement le musicien cher à Heugel est celui « qu'il aime le plus ». Quelles mœurs ! Et puis, que diable ! c'est abusif (j'allais écrire *ubusif*) de signer Torchet !...

Après le raplapla, le 'maboule. La semaine est bonne. Revenu de sa villégiature à la Ville-Evrard, Erik Satie prouve qu'il aurait grand besoin d'y retourner, en m'expédiant « avec une émotion heureuse et douce » une délirante formule de pardon, « trouvaille apostolique, spéciale, augustine » ! ababoum, compote aux poires... Tout cela signé « le Pauvre » (d'esprit, j'imagine) et « le Chevalier » (de quelle industrie ?). Il faudra revenir, un jour que je serai moins pressée, sur les proses de ce massenéteux gaga et de ce musico loufoque, mais aujourd'hui Franck nous requiert et ses *Béatitudes*, dont

Taffanel vient d'exécuter, avec le Prologue, les n°s IV, V et VIII.

En 1893, Colonne joua l'œuvre entière, et ce fut un triomphe. A cette occasion, l'Ouvreuse écrivit, dans *Rythmes et Rires*, en un style fleurant l'Ernst (c'était le bon temps), des choses dont je ne changerais pas un iota aujourd'hui, sur ce vaste poème d'art chrétien, les *Béatitudes*, qui sont « comme une vivante cathédrale de sons », ajoutant : « Jamais l'inspiration de Franck n'a été plus séraphique, plus humaine en même temps ».

Franche à mon ordinaire, je ne cacherai pas mon aversion pour le poème lourdaud de Mme Colomb, niaisement encombré de personnages allégoriques ; mais le père Franck, de culture littéraire médiocre, prosodiste souvent malchanceux, se souciait assez peu des mots, voyait plus haut et plus loin, transfigurant ces pauvres couplets... Un mot de la Bhagavad-Gita s'applique merveilleusement à l'auteur des *Béatitudes* : « Comme le soleil éclaire à lui seul tout de monde, ainsi l'idée illumine toute la matière... » Oui, c'est bien cela ; chez Franck, l'Idée illuminait.

Dimanche prochain, on redonne les mêmes fragments de ce chef-d'œuvre (car l'abus naïf des cymbales et le ratage d'un chœur de tyrans (VII) et neuf mesures de gounodage en *fa* dans la huitième *Béatitude* : « Avec lui je bois le

calice », ne m'empêcheront jamais de crier au
chef-d'œuvre); nous aurons donc le loisir d'en
reparler ; aujourd'hui, je me contenterai de citer
parmi les passages dont a paru le plus vivement
impressionné un public de choix (Mmes Dettel-
bach, comtesse de Chaumont-Quitry, Laure
Baignières, princesse Bibesco ; dans une loge :
Rose Caron ; parmi les hommes : Albert Carré,
Théodore Duret, etc.), je citerai donc l'air du
ténor, méridionalisé par Affre (Prologue), l'air
de la Vierge où Mlle Grandjean fait merveille,
et les chœurs qui sont chantés de manière à faire
honneur au bon Samuel Rousseau. Bravo aussi,
Delmas !

Au Cirque d'Été, affluence considérable : Hillemacher de qui, chantées admirablement par
Mmes Hillemacher et Engel, les œuvres ont fait
sensation samedi soir, à la Nationale ; Auguste
Imbert qui offre aux Ouvreuses le quinquina
du... bonnet, Lafreté, marquis de Gonet, Bru-
ment, etc. Comme nouveauté, deux mélodies de
Georges Marty interprétées avec beaucoup d'art
par la femme d'iceluy : *C'est le vent qui m'a
fait pleurer*, pièce d'un « souffle » peut-être trop
puissant pour les vers, et une *Berceuse* en *mi
bémol* fort applaudie avec une jolie modulation
en *ut mineur* sur la phrase : « Tu n'entends plus
mon murmure », qui fait sourire d'aise Mlles Per-
rissoud et Galitzin. — *Antar* a eu plus de succès
encore que dimanche dernier, sauf auprès de

l'ami Gabriel Lefeuve (orgueil des Rouennais) qui avait l'air de porter le diable an tar... Paul Milliet qui sait tout m'apprend qu'Antar n'est pas un personnage de fantaisie, mais un contemporain d'Abd-Allah (père de Mahomet, vous ne l'ignorez point), et que l'épopée où sont célébrés ses hauts faits, *Siret Antar*, aussi connu dans l'Orient que, jadis, l'*Iliade* en Grèce, va être publiée par Piazza avec d'épatantes illustrations de Dinet. — Exécution enfiévrée de la « Bacchanale » de *Tannhæuser*, si ardente que Mme Henri Jossic ne peut l'entendre sans rougir et que le harpiste en fait claquer une de ses cordes avec un bruit terrible. — On acclame la jolie musique, à peine vieillie (mais pourquoi pas de saxophone ?) qu'écrivit Bizet pour l'*Arlésienne*. — Et chacun s'en va content.

A la *Damnation de Faust*, bissée aux endroits qui conviennent, sauf le dessinateur Léon Lebègue, peu de hures notoires.

11 janvier 1898.

Contrainte par suite de l'abondance des matières (et quelles !) de me faire toute petite, je mentionnerai en cinq secs, au jeudi populaire de l'Ambigu, les vifs bravos accueillant les mélodies extraites des *Solitudes* que déjà samedi dernier — en un concert où Parent et ses lascars interprétèrent mirifiquement le paradoxal quatuor de Debussy — firent applaudir les siamois P.-L. Hillemacher ; Engel est toujours un gars à poils... et même « poils à feu visible ». (Hum ! ce n'est pas très fort, mais pour une séance donnée en semaine, bah!) Les Geloso font florès, M. Paul Franck cite des opinions du musicographe Henry Gauthier-Villars, tout va bien, à bas la République !

Chez M. Colonne, salle à moitié vide, concert de demi-recette, mais succès entier. L'orchestre avait l'air de déchiffrer la symphonie de Mozart en *ut majeur* et de s'y perdre, affolé... *Quos vult perdere « Jupiter » dementat...* M. Rameau, de l'Odéon, fut imprudent de prévenir le public que le finale est une fugue, car on n'entendait pas le quart des parties, et les musiciens enlevaient cela comme un pas redoublé du regretté Sellenick.

Très élégante de toilette et de voix, Mme Lina Pacary chanta un air (entre nous, crevant) d'une *Proserpine* perpétrée par « Pésiello », comme s'exprime l'annonciateur ; il est dit làdedans qu'elle a « laissé de sa fureur maintes traces terribles » ; où ? sur les paillassons ? pouah ! Lorsque, s'adressant à la salle médiocrement peuplée, elle modula : *Déserts écartés,* Wyzewa se prit à sourire, et Michel-Ange Anquetin aussi, mais Fontainas demeura grave.

Triomphe pour le Menuet de Lulli, fignolé avec des pianissimos dont les foules s'extasièrent ; je suis surprise que M. Colonne ne joue pas de cette façon la *Symphonie avec chœurs* ; il assurerait ainsi le succès de cette œuvre, encore redoutée par les amateurs, et qui, du coup, deviendrait populaire.

Quant au motet de Vittoria, les choristes, sous prétexte qu'il est intitulé *Vos omnes*, l'ont chanté « tous » comme des « veaux ».

15 janvier 1898.

Aux Champs-Élysées, Chevillard se repose et le Patron opère lui-même : il ne fallait pas moins que cette attraction, devenue rarissime, pour décider les foules à s'empiler sur les gradins du Cirque d'Été, car, entre nous, il était médiocrement aguicheur, ce programme slavo-canulant, *Symphonie* de Tchaikowsk*iy*, *Prélude* de Rakhmaninow ; la Russie partout, jusque sur les annonces du programme delagravien célébrant les mérites des *Voyages en Orient* du prince Oukhtomsky ? Qui citer ? Comtesses de Chaumont-Quitry et de Mun, Mmes Hellmann, Jossic, Jeanne Perrissou (si blonde !)...

Que le tsar me pardonne, mais la *Symphonie pathétique* de son fidèle Tschaikowsky me rase jusqu'au sang ! C'est presque aussi bassin que du Rubinstein, avec, tout le temps, des « belles phrases » très niaises, et des contrastes très faciles, et des habiletés très méprisables. L'*Allegro con gracia* est d'une « gracia » à la Thomé ; le morceau qui suit semble une marche pour cosaques de plomb ; le Lamentoso final est lamentable, et prolixe donc ! D'ailleurs, tout cela sonne bien, et même très bien. Mais quel sinistre embêtement ! La notice raconte que Tschaikowsky est mort, peu après la perpétration de cette œuvre, du « choléra ». Elle se ressent de sa maladie, cette symphonie-morbus !

On avait furieusement vanté le pianiste Borwick ; il faut en rabattre. Cet Anglo-Allemand (qui étale une trop considérable chaîne d'or girandolant sur son gilet) possède une chevelure assez opulente pour que des Philistins le puissent surnommer, bibliquement : « San-son ». Sans talent ? Non, certes ! Des doigts fins, une compréhension du Concerto en *la mineur* expliquée par les leçons qu'il reçut de Clara Schumann, mais la fâcheuse manie d'arpéger les accords et, surtout, un manque d'éclat surprenant. D'ailleurs, succès énorme. Je ne pouvais m'empêcher de rire quand les tonnerres d'applaudissements roulaient en l'honneur de cet exotique, après son exécution, élégante sans plus, du *Ca-*

price de Scarlatti ; si jamais Diémer le jouait ainsi, nous serions unanimes, ô mes sœurs! à chuchoter : « Comme il baisse ! »

Je note sur mon carnet quelques noms, Blowitz somnolent, Alexandre Georges éveillé, Dukas qui, dans la *Revue hebdomadaire*, publie un savoureux éloge de la glose sur *Fervaal* confectionnée par Pierre de Bréville avec l'aide d'un autre musicographe, moins compétent, et je m'en vais, pendant que, sous prétexte d'hommage à Regnault, un trombone solo mugit des *cantabile* de Saint-Saëns.

Il faudrait être aussi nigaud que... (mais non, on m'a supplié de ne plus tarabuster Torchet)... il faudrait être abondamment nigaud pour ignorer que le fini de l'exécution est moindre au Châtelet qu'au Cirque ; chez le pointilleux Lamoureux, à peine si l'on aurait pu signaler, hier, la gaffe d'un second violon pendant le finale du concerto schumanien et l'empâtement d'un cor vingt mesures environ avant la fin de l'*Enchantement du vendredi saint*. Chez Colonne, hélas ! l'équilibre des sonorités est constamment rompu : pendant la Cardiaque, l'indiscrétion de la première trompette, la cruelle monotonie estompant l'Andante, la voracité des violons, trop nombreux, à se jeter sur les bois, attristaient les connaisseurs (mais combien sont-ils ?). Pourtant l'admirable passage religieux fut rendu congrûment, ce dont Pierre Lalo et Gabriel Marie se félicitèrent, ainsi que Mmes Sigismond Bardac, Escudier, Henriette, Fuchs, princesse Bibesco, non moins qu'Hettich, l'élégant Gaston Paulin, Alary pensif, Paul Braud-Nasica et Widor que j'ai gardé pour la bonne bouche.

Istar, dame ! je suis un peu embarrassée pour en parler après une seule audition : j'étais entourée de gens du monde qui trouvaient ces variations symphoniques lumineusement simples, et si faciles à comprendre !... Jamais je n'ai tant regretté de n'être point gendumonde ! Le poème, fragment de l'épopée d'Izdubar, comme chacun sait, expose qu'Istar se dirige vers la demeure aux sept portes où est entré son jeune amant ; à la première porte, le gardien lui prend sa tiare ; à la seconde porte, le gardien lui prend sa ceinture, ainsi de suite jusqu'à la septième où le gardien lui prend « le dernier voile qui couvre son corps » (si elle avait dû franchir une porte de plus, je me demande ce que le gardien lui aurait pris...) Ainsi dépouillée, elle entre dans la demeure morne où est enclos son jeune amant, et délivre le *de cujus*. Voilà. Évidemment, c'est un mythe solaire.

Quand on n'est pas fichu de comprendre une légende orientale, ou occidentale, ou montmartroise, on prononce : « C'est un mythe solaire » ; j'ai remarqué ça.

Essayons de parler musique : j'ai cru reconnaître d'ingénieuses variations à l'envers, commençant par la plus éloignée du thème, dont elle n'est qu'une manière d'efflorescence harmonique, et qui, peu à peu, se rapprochent de lui, de plus en plus précises, accusant les contours d'une phrase significative qui, à la fin, éclate dans un saisissant unisson de sonorité chaude, Istar toute nue.

Nous en recauserons après une seconde audition ; c'est rempli de trouvailles épatantes : caquetage à cinq temps des instruments à vent, canon entre les bois à l'aigu et les violons sur la quatrième corde, curieuse modulation au ton situé à la seconde supérieure qui reparaît au milieu de toutes les variations, etc.

A l'Opéra, Taffanel dirige les *Béatitudes* qui triomphent devant un auditoire compact ; Bellaigue y blondule, Ymbert y circule, Hatzfeld y ondule, Lindenlaub (Théodule). Succès, aussi, pour Mendelssohn et l'Andante calme de sa bénigne symphonie en *la mineur* disant la plainte, point tumultueuse, d'Ossian (l'Ossian pacifique).

18 janvier 1898.

Au Nouveau-Théâtre, le Français Colonne — né malin — raye du programme la mélodie juive de Max Bruch, *Kol Nidrei*, dans la crainte que les mélomanes antisémites n'envoient tout faire youtre. Cette prudence est récompensée par l'unanime applaudissement dont on salue d'abord la sonate pour piano et violon de Grieg, enlevée par les frères Thibaud, la *Pastorale* de l'ami Gabriel Pierné, suite dans le style ancien que j'ai connue, jadis, éditée pour piano chez mon vertueux oncle Auguste Durand, et que la Société des Instruments à vent compte s'envoyer mardi prochain : après un thème que dialoguent la flûte de Cantié et la clarinette de Terrier (précédant une petite variation simplette), elles se gargarisent en *si bémol* ; ensuite Longy triomphe, léger comme une biche (la biche hautbois, bien entendu) ; enfin, trompette, triple canon, — le canon de Pierné ne recule jamais, — ah ! c'est toujours le compositeur belliqueux, sans cesser d'être soumis correctement aux règles, de la *Nuit de Noël...* et Chapsal.

Passons sur le mièvre scherzettino de *Callirhoé* où Mlle Chaminade chaminaude, et constatons que l'élite du jeudi, de même que les foules dominicales, fête Mme Jeanne Raunay, grâce à laquelle les jeunes compositeurs raunaissent à l'espérance, car elle les interprète toujours avec une belle vaillance ; après la *Marine*, de Lalo, où, sous des vers (extrêmement idoines à la musique) d'André Theuriet, le maître a plaqué des accords de beauté sonore, « Comme des coursiers épuisés... », la cantatrice nous fait entendre l'*Invitation au voyage,* de Duparc, une Mélodie mélodieuse, ce qui n'est pas commun, puissamment expressive, et d'une telle musicalité qu'on n'y remarque guère certaines prosodies un peu contestables ; l'épanouissement final m'a ravie, tout de luxe, calme et volupté, dans le majeur apaisé, cependant qu'à l'orchestre murmure encore le vœu baudelairien éternellement insatisfait : « Aimer à loisir... »

Le *Nocturne* d'Albéric Magnard, étrangement fouillé, avec une prenante phrase d'alto où se mélancolise « cette douceur d'errer la nuit dans la campagne », je serais désireuse de l'entendre encore avant de le juger, désireuse aussi que fussent plus nettement exécutés les curieux trifouillis des cordes disant les rais de lune brisés au mouvant miroir du fleuve ; par l'organe de·M. Rameau, débarbé, l'ami Malherbe nous avait prévenus que le fils de l'ancien directeur du *Figaro* appartient à l'école « avancée » ; très bien ! C'est pour ces musiciens d'avant-garde que sont faits les Concerts du Jeudi. Puisez au répertoire de la Nationale ! Pas de pions, des pionniers. Qu'aux recherches parfois absconses d'un Savard succède le *Sub Urbe* admirable d'intensité verlainienne conçu par Louis de Serres ! Balfour, dans *The Fundation of belief* remarquait récemment qu'en musique l'intensité de la sensation ne peut se maintenir qu'à condition de forcer la dose de sensation esthétique.

Donc, excitons-nous, forçons la dose, et zut pour les Torchet rétrogrades !

22 janvier 1898.

Arrivant au Cirque, je vois mes collègues en liesse, les yeux malins, la bouche rieuse ; elles m'entourent et, sur le programme où l'éditeur Delagrave célèbre, non sans raison, la *Musique à Paris* de notre confrère Gustave Robert, elles me montrent, d'un doigt amusé, cette mention : « Lire chaque lundi, dans l'*Echo de Paris*, les comptes rendus des concerts par l'Ouvreuse du Cirque d'Été... » Enfin ! C'est la gloire ! — Le vert laurier se mêle, honorifique et complémentaire, aux rougeurs de mon bonnet, et je m'avance vers l'Avenir — « en peignant mes cheveux splendides, lentement », selon le dire d'Albert Samain — montée sur un char de triomphe que considèrent envieusement les torves Torchets... Entre nous, il était temps, car je trouvais (rappelez-vous l'*Éducation sentimentale*) que le bonheur mérité par l'excellence de mon âme tardait à venir.

Le concert « dirigé exceptionnellement par M. Lamoureux » avait attiré des tas de gens, parmi lesquels le jeune Crocé-Spinelli qui guette

la villa Médicis, l'excellente pianiste franckiste
Boutet de Monvel, Levadé et Tremisot, ces Dios-
cures de la musique mondaine, le spahi Lucien
Lambert, Julien Tiersot de qui les chansons populaires recommencent à être chantées un peu
partout (notamment à la Bodinière où Maurice
Lefèvre en compose un bouquet de choix que
tous les nez aristocratiques veulent renifler),
Florent Schmitt, applaudi à la Société nationale
pour trois mélodies d'un raffinement mélancho-
lieux en leur grâce, dirai-je crépusculaire, avec
des préciosités d'écriture à la Debussy, et des
successions par tons entiers, et la morbidezza
d'un javanisme quelque peu dispersé, et les accompagnements clapotants dont peut-être abusa
Pierre de Bréville (cf. *Dormir*, sur une poésie
princière de Fabien Colonna), et une recherche
de sonorités poursuivies, et atteintes, au détri-
ment — parfois — de la rigueur formelle ; bref,
trois mélodies ultra-distinguées qui valurent à
Mlle Thérèse Roger des bravos, ultra-distingués
eux aussi.

Décidément, je suis réfractaire à la *symphonie* pathético-filandreuse de Tschaikowsky, bien
écrite, bien développée, bien jouée, bien rasante ; l'éditeur Noël a beau distribuer des cata-
logues thématiques vantant « l'étonnante perfection » de son ours, et l'émotion intense produite
par le *ré* des cymbales (hé ! hé !), le *Progrès artistique* a beau excuser les longueurs de cette

œuvre interminable en alléguant que les dimen-
sions de la Russie ne sont pas sans influer sur
celles de ses compositeurs (alors, un musicien
monégasque n'écrirait que des drames lyriques
durant cinq minutes ?) je confesse m'embêter à
ce machin correctement ennuyeux, applaudi,
d'ailleurs, avec une vivacité qui amène un sourire sur « le large visage de faune bienfaisant »
attribué à M. Lamoureux par le *Ménestrel*.

Le pianiste Harold Bauër s'étant pris aux cheveux avec le patron (vrai! la partie n'était pas
égale), pendant une répétition, nous ne l'ouïmes
point, — je m'en bats les mirettes, — mais nous
goutâmes l'expressive intensité de Geloso dans
le Prélude du *Déluge*. Quant au *Chasseur maudit* que M. Lamoureux nous révèle seize ans seulement après que l'œuvre a été écrite, et écrite pour
lui sauf erreur, je ne l'ai jamais entendu jouer d'une
manière absolument satisfaisante ; au Châtelet,
le comte sacrilège galope dans les fausses notes ;
au Cirque, le début est froid, qui peint la joie en-
soleillée des bords du Rhin un dimanche, et
froide aussi la conclusion de la première partie,
où le thème initial devrait s'intensifier, vibrer
aux violoncelles à l'aigu (mais pourquoi diable
n'entend-on presque jamais les violoncelles, au
Cirque d'Eté ?). La malédiction a superbement
retenti. La fin n'a-t-elle pas quelque longueur ?
Il m'a toujours semblé que ces flammes « qui
jaillissent de toutes parts » flambent mal.

Tonnerre d'acclamations au concert d'Harcourt, salle comble; la foule bisse, enthousiaste, Gillet soufflant dans son cor anglais le *Largo* de Hændel pendant lequel miss Blackburn bat incessamment la mesure avec sa tête, cependant que « son pied même a parfois un spasme mélodique… » Anatole France *dixit*. Pieds anglais, cor anglais, nigauderie française!

Chez Colonne, beaucoup de monde sur la scène, et même dans la salle, où je vois Mme de Grandval, Robert de Bonnières, Charles Foley, Mme Jeanne Raunay bavardant avec Ymbert, esthète quasi-ymberbe, etc. Vif succès pour la *Symphonie avec chœurs*, jouée gros, et pour *Istar*, joué parfaitement. Le Borne, qui aime *Fervaal* (et même les gloses éditées par Durand sur *Fervaal*), trouve qu'*Istar* « manque de ligne ». O mon Fernand, tous les biens de la terre ne m'empêcheraient pas de déclarer que, tout au contraire, la précision architecturale de cette œuvre et l'excès de ses ingéniosités m'inquiètent un peu : cette modulation à la seconde supérieure, intervenant au milieu de chaque variation comme un jalon (quand on prend du jalon, on n'en saurait trop prendre), constitue-t-elle un repère facilement appréciable pour l'auditeur? Je n'en crois rien. Dussé-je être maudite par le volage Pierre de Bréville, de qui « le désir-papillon vole de fleur en fleur » (comme a dit le poète Emile Boissier), je soutiendrai toujours qu'en élaborant *Istar*, Vincent d'Indy semble s'être donné la tâche de résoudre un problème difficile ; il l'a résolu, certes, mais c'est un problème tout de même...

A peine s'il me reste trois lignes pour vous dire que M. Carré a la bonne idée de faire chanter don José par Engel ; quant à l'*Attaque du Moulin*, elle est renvoyée aux calendes, ce dont M. Bruneau se dézola, — pas moi.

25 janvier 1896.

Au Concert-Colonne, Parent et ses complices font applaudir (mais j'aimerais les basses mieux rythmées) le Quatuor de Fauré, œuvre charmante et savoureuse comme le membre de l'Institut Lenepveu — qu'on biographie maintenant dans les feuilles ! — ne sera jamais fichu d'en écrire une (ô vous qui me lisez, ne montrez pas cette « Lettre » à Fauré, car cet homme doux se désole quand on blague son collègue du Conservatoire). M. Wurmser détaille des choses de Chabrier et de Moszkowski, sur un fort bon pleyel, avec des élégances. Mlle Lise d'Ajac recueille de justes bravos avec un air du *Tasse* qui me paraît Tassommant.

Du précité Gabriel Fauré, l'infinie variété se

montre à plein dans trois mélodies — *Arpège*,
le *Cimetière*, *Mandoline* — murmurées à l'Ambigu par Mme Jeanne Remacle, de genres très
différents et où, cependant, éclate à plein la personnalité du Maître... Dans *Arpège*, cette délicate phrase de flûte qui coule, légère et comme
insoucieuse de la déclamation vocale qu'elle ef-
fleure ; dans le *Cimetière*, cette nerveuse justesse d'expression et le poignant de cette accentuation et ces cris se douleur âpre ; dans *Mandoline*, cette rêverie musicale délicieusement in-
consistante, cette caresse de la voix qui se pose
sur un lointain accompagnement de sérénade
avec des vocalises, hum ! des vocalises lunaires
(disons « lunaires »), tout ça c'est du Fauré, c'est
du nanan !

Deux mots du quatuor de Jacques Dalcroze,
qui «foisonne de talent », disait très justement
Porthmann à la Nationale ; il est très polyphonique, les harmonies y étant engendrées par le
choc des quatre mélodies, au lieu que, chez Debussy et la plupart des jeunes musiquedecham-
briers français, c'est tout le contraire. Développements canoniques, enharmonies fréquentes,
modulations perpétuelles, quelque prolixité parfois : le thème initial, en *mi*, rappelle la son
nerie de *Parsifal* ; de charmantes trouvailles
polyrythmiques ; un passage tantôt à *quatre-
huit*, tantôt à *trois-huit*, sans alternance régu-
lière, m'a ravie ; faut de fameux exécutants pour

ne pas s'y crotter, et les exécutants Parent-
Lammers-Denayer-Baretti ne s'y crottèrent point.
Au Finale, amusant effet de stridence des trois
instruments trémolant sur la chanterelle, tandis que Baretti, sur son violoncelle, imite le
cor, histoire de rire et s'amuser en société (nationale).

Je le connais depuis longtemps, le quatuor de
Vincent d'Indy, et tant plus que je l'ouïs, tant
plus que je le gobe! Geloso, Tracol, Monteux et
Schneklüd nous le firent savourer, hier, et j'en
suis encore émerveillée... Jeunes gens, jeunes
gens, lisez le développement du premier morceau,
ce chef-d'œuvre de logique, d'écriture musicale,
de souplesse aisée... Et le *Lent!* La phrase initiale du quatuor s'y balance, caresante et chan-
tante, vraiment « phrase-mère » par sa tendresse
et son sourire...

29 janvier 1898.

Que de concerts, dieux immortels! Il faudrait
cent oreilles pour les ouïr tous, deux cents mains
pour en rendre compte. Marcel Herwegh, Mme Roger-Miclos et le quatuor vocal des « Petites Auditions », dirigé par Gabriel Marie, ont attiré
une foule compacte salle des Agriculteurs. —

Mlle Jenny Passama, bien connue de tous ceux qui fréquentent chez le Patron, a charmé son auditoire (non sans le précieux secours de Mlle de Theza et du très distingué pianiste Benoît) avec les trilles du *Pur dicesti* de Lotti, d'une précision rare. La harpe chromatique de Gustave Lyon, sans pédales, continue à faire florès, surtout quand Mme Tassu-Spencer s'en sert pour jouer des *Gigues* de Bach, dans les soirées où le piano double, du Lyon précité, retentit mélodieusement sous les vingt doigts de MM. Lucien Wurmser et Cortot, après que Mme Raunay a interprété de façon admirable certaines pièces de Schumann... Comme le disait un auditeur plus emballé que ferré sur la musique, on se jetterait à l'eau si l'on était sûr d'être interprété comme ce « noyé »-là.

Mais arrêtons ici notre palmarès, et courons chez Chevillard, où l'on joue la Symphonie en *ut mineur*, bien, très bien, parfaitement bien. Au IV, Messieurs les bois (entrée de la deuxième idée en *sol*), vous savez que vos accords sont le thème initial du morceau, n'est-ce pas? Vous le savez? Eh bien! montrez que vous le savez. Dieu! que c'est long, cette conclusion! Ces accords d'*ut* majeur, quand y en a plus, y en a encore! Si un « jeune » s'avisait de lambiner ainsi sans se décider à finir, ce que la critique le passerait à tabac!

Parmi les auditeurs, les compositeurs Salvayre, retour de Toulouse ; Le Borne, en partance

pour Milan ; Dukas, qui donne à la *Revue hebdomadaire* des articles tout à fait épatants ;
Pierre de Bréville, qui devrait présenter la
Princesse Maleine à Chevillard ; Hillemacher
de qui je pense bien que l'Opéra-Comique va soi-
gner le *Drac*, après l'*Ile* de Reynaldo Hahn... Puis
des mélomanes pas baptisés, les Hellman, les
Natanson, les Meyer, les Dreyfus, etc. Enfin,
(aux derniers les bons) des gens de lettres : Armand Lafrique bigrement en retard, Georges
Loiseau, allumeur de la *Lanterne de Bruant*,
et Laurent Tailhade, venu pour mêler ses bravos
à ceux qui saluèrent *l'Effet de nuit*, tableau
symphonique, verlainien et macabre, de son ami
Sylvio Lazzari.

Car on l'applaudit, cette musique inédite, et
même des « Chuts » ! tempérèrent le zèle mala-
droit de quelques fervents, — mon Dieu, proté-
gez-moi contre mes amis ; mes ennemis, je m'en
charge ! — On l'applaudit, et pourtant elle n'est
pas facile à comprendre, du moins à une première audition, bien que jouée à ravir. Vous connaissez l'Eau-Forte de Verlaine dont le compositeur s'est inspiré : *La nuit. La pluie. Un ciel
blafard qui déchiquette De flèches et de tours.
à jour la silhouette D'une ville gothique
éteinte au lointain gris...* De mornes tenues de
contrebasses (elles donnent un *ré* ; que n'ont-
elles cinq cordes comme celles de l'orchestre
Nikisch ?...) et un thème qui sonne bellement à

la clarinette basse peignent ce paysage de désolation ; des rythmes macabres indiquent les pendus « qui dansent dans l'air noir des gigues non
pareilles », une marche puissante scande la venue des pertuisaniers conduisant trois condam-
nés « qui vont pieds nus » : des gammes par
tons entiers strident, déchirantes ; un dernier gi-
gotage des pendus, puis le motif navré s'éplore
de nouveau à la clarinette basse : c'est tout. (Sur
le joli programme delagravique, il faudra cor-
riger le huitième vers, faux comme la voix de
Mme Kutscherra).

Mme Henry Jossic est une pianiste de premier
ordre, qui fera certainement applaudir à Londres,
après-demain, les *Djinns* par les auditeurs de
Queen's Hall ; mais je suis trop franche pour dis-
simuler à cette charmante femme que la *Fantaisie hongroise* de Liszt, avec ses insuppor-
tables trifouillis dans le haut du piano, est moins
de la musique que de la boîte à musique ; ô l'art
laid, prétentieux, démodé ! D'ailleurs le public
adore ça. Mange, public !

J'arrive au Châtelet trop tard pour entendre
la *Messe du Fantôme* de l'honorable Charles
Lefebvre, chantée (si j'ose m'exprimer ainsi) par
la digne Auguez qui, dans le troisième acte de
Siegfried, ne peut plus ni descendre ni monter ;
est-ce qu'il ne pourrait pas rester chez lui ? Dimanche prochain, je ne manquerai pas d'ouïr
cette œuvre d'un fantastique dans les prix doux,

m'a-t-on dit... — Très franc succès pour le pianiste Busoni qui a de longs cheveux et de bons doigts, de la prétention et de l'acquis. — Quant au trois de *Siegfried*, non, c'est à vous dégoûter pour toujours de Wagner ! Afin qu'on lui pardonne ce contre-sens lancinant et perpétuel de faire chanter, dépouillée du prestige scénique, la plus scénique de toutes les musiques, M. Colonne devrait du moins en confier l'interprétation à des gens de quelque talent. Or, Brunnhild, c'est Mme Kutscherra, qui ne manque pas d'aplomb, mais de goût, mais de traditions, mais de voix ! Le ministre Barthou en semblait aussi mélanco que le compositeur Bruneau.

Le baron Maurice Vuillet m'assure que le concerto de M. Théodore Dubois, joué, hier, à l'Opéra, est inédit, récent, en *fa mineur*, bien écrit, et j'enregistre cette quadruple affirmation, tout en me rappelant que l'interprète, Mlle Clotilde Kleeberg, décrocha son premier prix il y a juste vingt ans, en même temps que Camille Bellaigue. — Bien médiocre exécution de *la Lyre et la Harpe* ; M. Vaguet rata son train, d'autres ratèrent leurs entrées. Assistants de choix : Mmes de Berny, Louise Desgenetais, comtesses de Germiny, de Villeneuve et de Lisle du Fief ; au balcon, un petit monsieur des affaires étrangères si agité qu'il a l'air han otauxmobile.

31 janvier 1898.

Ce temps ignoble, dégoûtant à ne pas mettre un dreyfusard dehors, n'avait pas écarté du Nouveau-Théâtre, hier, les courageux mélomanes, — comtesses de Mun et de Chaumont-Quitry, le berliozien Prod'homme, le wagnérien Gustave Robert, l'éclectique André Gresse, — férus du désir d'entendre Mlle Élise Kutscherra. (Est-ce toi, chère Élise ? ô jour trop malheureux !) Cette teutonnière personne chanta trois mélodies de Schubert dont l'une, le *Doppelgænger*, m'a séduite par son originalité frissonnante et sa profondeur d'intensité ; elle les chanta sans charme, et des mains de Boches l'applaudirent, peu nombreuses, mais larges et retentissantes.

Et puis, nous subîmes le Prélude d'*Eloa*, musique inoffensive et extensible comme de la gomme éloastique, du bon M. Charles Lefebvre ; dimanche dernier, au Châtelet, un troisième amphithéâtre avait laissé tomber sur Colonne contrit cet avis bref, mais juste : « Faut nous jouer d'autres musiciens que ça ! » Sans doute ce troisième amphithéâtre n'était pas rue Blanche, hier, sinon il eût de nouveau manifesté, pour l'auteur d'*Eloa*, son éloagnement.

Le pianiste Busoni joua avec plus de recherche que de trouvailles le Concerto en *mi bémol* de Beethoven ; puis de vieilles légendes mysticopianistiques de Liszt, — le Liszt dans la Vallée, — genre vaincu auquel il s'attache encore : *Victrix causa diis placuit, sed victa Busoni.*

Enfin, pour la plus grande joie du Dr Hosens-
cheisser, du Professor Leckmirdenarsch et de
leurs compatriotes présents, l'Allemande déjà
nommée déclama la tristanienne esquisse de
Wagner, *Rêves*, et, du même, un *Ange* plutôt
bassin. On l'applaudit peu. Elle salua beaucoup.

A l'Ambigu, immense succès pour Renaud, —
l'admirable Beckmesser de l'Opéra, — d'une
véhémence passionnée dans les *Larmes hu-
maines*, de Camille Erlanger ; Mlle Mathieu
d'Ancy interprète délicatement le frêle *Chemin
des écolières*, de Jacques Madeleine, musiqué
par Gedalge avec une simplicité savante. Les
Geloso charment Paul Dupont, et bien d'autres
avec lui.

Gavée de musique au point de ne plus pouvoir
dîner, il m'a fallu, à neuf heures du soir, me pré-
cipiter au Cirque d'Été où Chevillard s'avisait,
lui aussi, de donner un concert à prix réduits,
devant un public plus réduit encore, mais enthousiaste. Avec ferveur, les quatorze personnes présentes applaudirent Mlle Jenny Passama, excellente et quasi jennyale dans les
richepinades de *Miarka* rendues populaires par
la musique d'Alexandre Georges ; Diémer fut
épatant dans le 5e Concerto de Saint-Saëns dont
l'épisode javanais en *fa dièze* est d'une sonorité
bien amusante, et la première partie bien
ennuyeuse. Après la *Danse macabre*, Sechiari

(possesseur d'un joli son dont il se montre trop
ménager) resta sur sa chaise obstinément, malgré les applaudissements prodigués pendant
soixante-dix secondes par des « promenoirs »
qui voulaient le faire lever ; « certaines ouvreuses,
c'est moins difficile que ça de les lever... » affir-
mait à l'éditeur Durand mon ami André Lebey,
qui s'y connaît puisqu'il est poète.

5 février 1898.

Avant de rendre compte des deux grands concerts dominicaux, expédions quelques broutilles.

La reprise d'*Haydée* a discrètement attendri
quelques auditeurs vétustes, obstinés amateurs
de ces musiques futiles enjolivant des livrets
ingénus : pâmez-vous, bons vieillards, devant
d'inconsistantes somnambules (de savon) dont
l'invention parut ingénieuse en 1848, alors que
Roger lorédanait le rôle où Engel se montre aujourd'hui parfait ; *Haydée* ou *Aïda*, que le public
les applaudisse s'il les aime... Et il les aime, du
moins mon confrère des *Annales politiques et
littéraires* l'affirme, l'excellent Ely-Edmond Gri-
mard, qui blâme doucement certains poèmes
plus abscons, celui de *Fervaal*, par exemple, élu-
cidé par Pierre de Bréville dans une Étude thé-

matique et analytique des plus soignées ; il est
plein de talent, cet enfant-là !

Sur Vincent d'Indy, Raymond Bouyer écrit,
dans l'*Ermitage*, une page savoureuse. « *Fervaal*, c'est l'avènement en France du drame
lyrique où la musique pure d'un large fleuve symphonique reflète intarissablement la haute humanité du symbole. » Certains critiques musicaux
ont paru regretter les livrets où se déroulaient
les péripéties, follement passionnantes, à la suite
desquelles Anatole finissait par épouser Armande ; il faut plaindre ces critiques musicaux !

Un « groupe de wagnériens » voudrait savoir
s'ils doivent lire la brochure de Weintgarner,
Bayreut 1876-1896, publiée à Berlin. Dame !
c'est des rosseries contre les chefs d'orchestre
bayreuthiens, contre Cosima aussi, ça m'a beaucoup amusée. — M. Henry Gauthier-Villars
me charge d'annoncer qu'il cesse sa collaboration à la *Revue blanche* dont il se refuse de
partager la Zolatrie dreyfusienne. — Un auditeur misanthrope du Cirque d'Eté m'expose que
Chevillard devrait interdire aux gens de déambuler dans le « Promenoir » ; je veux bien, mais
alors qu'on l'appelle l' « Immobiloir ».

Hier, salle Pleyel, exécution intégrale du
Rheingold, au profit de la « Société pour la propagation des langues étrangères en France ».
(J'aimerais mieux qu'on propageât la langue
française à l'étranger. Et vous ?) Traduction

d'Alfred Ernst, Dieu merci! orchestre représenté par le piano-double où s'escriment de leur mieux — un mieux qui n'est certes pas ennemi du bien — MM. Cortot et Grovlez ; Bagès flamboie dans Loge, et jette des lueurs dansantes sur le dominateur Wotan-Girette ; une Hongroise, Oritza est son nom parfumé, déploie un contralto de toute beauté dans ce rôle d'Erda qui semble écrit pour clarinette basse... Public enthousiaste : princesse Borghèze, comtesses de Montebello et de Chaumont-Quitry, marquis de la Soudière, baron de Below, marquise de Saint-X... (dite « Poche à fiel »), Mmes Louis de Serres, Maurice Gallet, Albert Lefèvre, Gaupillat, Sulzbach, Alexandre Dumas, MM. d'Eichtal, Ribot, Henry Roujon, Bussine, Gabriel Fauré, et puis Lascoux naturellement.

Un monde fou, au Châtelet, où chacun était légitimement curieux d'ouïr la révélation d'un auteur presque inédit, Richard Wagner, dont un chef d'orchestre venant pour la première fois à Paris, Félix Mottl, essayait des fragments quasi-inconnus, le Prélude de *Lohengrin*, par exemple. Ne plaisantons pas! L'orchestre (c'est ainsi toutes les fois qu'un autre capelmeister le dirige), l'orchestre a paru transformé ; je gage qu'à Carlsruhe Colonne ferait tout ce qu'il voudrait des musiciens grands-ducaux. En particulier, l'ouverture des *Maîtres Chanteurs* a résonné avec une ampleur triomphale, très différente des minuties essoufflées auxquelles, certains jours, l'opéra nous condamne. (La comtesse de Wolkenstein-Trotsburg semblait enchantée, la comtesse Mac-Carthy également, de même que la comtesse des Berteux, et bien d'autres comtesses itou.)

Je serai franche. En dépit des bravos, des *bis*, des rappels, Mme Mottl me navre dans Isolde, qu'elle interprète comme M. Le Bargy pourrait jouer Eschyle, avec une modération intelligente, soucieuse de pallier les fautes de goût que ne sut point éviter l'auteur... Ah ! misère !

Du Cirque d'Été, le baron Maurice Vuillet (je me paie des reporters aristocratiques) me téléphone : Température frisquette, accueil chaud pour *Crépuscule des Dieux* admirablement joué ; Lina Pacary, belle et bonne dans Wagner comme dans Le Borne ; le plus jeune de ces deux musiciens a composé *Amour trahi* il y a une demi-douzaine d'années ; je crois qu'il n'écrirait plus aujourd'hui les douceurs (quatuor divisé, sourdine, joli effet) de la « Lune blanche » que je préfère pourtant aux triolets walkyriques, en harmonies altérées, du morceau précédent. — Beaucoup d'auditeurs : l'adorable Stéphane Mallarmé, le sec Bourgault-Ducoudray, le violoniste Rivarde, Émile Cottinet aux cheveux romantiques, Mme Beulé, tout le monde...

15 février 1898.

J'ai pris un plaisir raisonné, psychélogique, à
entendre l'orchestre de M. Colonne ronronner,
hier jeudi, le deuxième acte de la *Psyché* musiquée par ce « coquin ténébreux » de Lulli ; le
public ne m'a pas semblé très vibrant, malgré
le retapage opéré par l'ami Pierné avec une discrétion habile. Il est vrai qu'on ne voit pas les
nymphes dissimulées dans les coulisses en compagnie d'un quatuor et d'un clavecin ; il est vrai
aussi qu'au bout de vingt minutes de *basso con-
tinuo* bourdonnant les accompagnements de
ce que chante le couacqueur Eros-Dentu et
Mlle Psyché d'Ancy, on se sent un peu las ; n'importe, la reconstitution est curieuse et valait
d'être plus applaudie.

Constatons le succès de Mlle Mathieu d'Ancy
dans deux piècettes de Saint-Saëns, adroites et
sans relief (la seconde sur d'ingénieuses strophes-
Watteau pastichées par notre confrère J.-L.
Croze) et filons au concert concurrent ; j'arrive à
temps pour voir Mme Jeanne Remacle qui
chante la *Rieuse* (preste tour de force réussi, par
Gabriel Pierné), mélancoliquement...

J'ai si peu de place, hélas ! qu'à peine si je
puis dire la grâce frêle de Mme Jeanne Arger,
et comme elle sut mettre en valeur l'attendri
Petit Roman de Georges Guiraud (déjà entendu

à la Nationale). A ses élégances de soprano, un
robuste contralto succéda, Mme Suzanne Lacombe, qui, sans effort, interpréta deux gloires
successives de l'École française, Vincent d'Indy.
en son *Lied maritime* construit sur un thème
breton utilisé par l'auteur du *Roi d'Ys*, puis
Saint-Saëns, de qui la *Solitaire*, avec ses lan-
gueurs persanes et son *sept-quatre* énamouré,
semble teinté d'Holmès.

19 février 1898.

La quatorzième séance (série B) donnée par
l'Association des Concerts-Lamoureux le 20 février, à deux heures et demie, fut copieuse, très
applaudie et quelque peu rasante.

La *Symphonie écossaise*, de cet Hébreu bien
peigné... Ah! tenez, laissez-moi vous dire
comme cette jolie musique sage m'embête! Jadis,
Bellaigue me prêchait l'amour de son Mendelssohn aux mélancolies pondérées, et s'exta-
siait sur les élégantes tristesses de cet Israélite
bien mis. « Il a l'âme accordée en *la mineur* »,
me répétait Camille, les yeux mouillés d'atten-
drissement; et cet homme de bien (c'est Bellaigue que je veux dire) ajoutait : « En musique,
Mendelssohn ne perd jamais sa cravate ». Par-

faitement exact! Et je me sens prise de tendresses soudaines pour le débraillé quand je fréquente trop longtemps ce petit vernis « qui ne perd jamais sa cravate », ni son faux-col, ni son plastron rigide; ah! il a toutes les qualités de l'empois!...

Pour cause de chanteur influenzé, nous n'avons pu entendre le *Christophe Colomb* de M. Coquard, de sorte que, remettant à plus tard la joie de découvrir l'Amérique, Chevillard nous a redonné un fragment de l'*Amour trahi*, celui qui, dimanche dernier, avait reçu le plus chaleureux accueil, la « Lune blanche », que le *Monde artiste* et le *Journal musical* s'accordent à tenir pour un « calme tableau d'une douceur pénétrante ». Le *Figaro* l'a publié cette semaine (même qu'il a fichu un *do* pour un *ré* dans l'accompagnement de « Nous marchions, nous tenant... » (C'est donc M. Bruneau qui corrige les épreuves de Le Borne?)

Beethoven, c'est un dieu, voui, mais ce que son concerto pour violon m'a râpée! Et je n'étais pas la seule à me raser, allez! seulement, je serai la seule qui oserai le dire. D'ailleurs, l'exécutant — un Belge correct — l'a parfaitement joué, mais non, non, ce violon est trop embêtant! On a prodigieusement applaudi ce M. Thomson, d'aspect cinquantenaire, bien que l'aimable programme imprimé par Delagrave l'affirme né en 1857 (faut croire que les années de

Campine comptent double). Aux personnes que ces horreurs intéressent, je ne célerai point que la kilométrique cadence détaillée par ce violoniste mélanco est celle de Joachim, mélangée à celle de Léonard, non sans quelques thomsoneries additionnelles.

Et après, ce fut la tartine à Tartini (*le rasoir du diable*); et après la *Marche* héroïcocanulante de Saint-Saëns; deux choses pas folâtres, mais moins bassinantes, tout de même, que la cadence précitée. Ah! quelle cadence! Après la déposition de l'expert brabançon Louis Franck, c'est ce que je connais au monde de plus crevant. Le vieux Grétry avait raison : « Cadence n'est pas ce que j'aime! »

En revanche, j'aime beaucoup Mlle Lina Pacary, parce qu'elle est très belle et qu'elle chante très bien la formidable scène finale du *Crépuscule des Dieux*; certes, sa voix pure et ronde manque un peu de stridence pour clamer les appels éperdus de Brunnhild se ruant au bûcher libérateur; quand elle sera vieille, avec des trous dans la voix, elle criera, sauvagement, et couvrira les sinistres crépitements du feu, le grandiose motif du Walhall tonnant aux cuivres, le thème de la Détresse divine sursautant aux basses, et ce sera saisissant. Pour le moment, c'est très bien. Peu m'importe qu'elle s'accorde de temps à autre un petit faux départ, puisque Chevillard l'impeccable sait la rattraper avec un chic infini, sans avoir l'air... Il devient tout bonnement merveilleux, ce gendre. C'est mon opinion et je la partage avec beaucoup d'auditeurs du Cirque, Georges Hüe (qui, sur d'adorables *Chansons grises* d'André Lebey, écrit des musiques exquises), Bréville de qui je pense que Gabriel Marie révélera bientôt aux Bordelais la *Princesse Maleine*, Paul Dukas tout réjoui de ce que l'Opéra-Comique monta *Fervaal* (on verra quel chef d'orchestre épatant est l'ami Messager !)

Le temps de constater qu'une flopée de violonistes en renom sont venus ouïr Thomson (Dancla, Marsick, Parent, général Parmentier, Remy), et je file à l'Opéra-Conservatoire, d'où sortent déjà maître Chéramy, Diémer, etc... Il paraît que l'accueil fait aux *Scènes alsaciennes* — ce sublimé de Massenet — fut plutôt froid (sauf en ce qui concerne le « Sous les tilleuls », bissé comme toujours), et même, ma chère, on a sifflotté la dernière de ces petites choses si habilement truquées par ce Sardou de la musique. Où allons-nous ?

Les concerts abondent : Mlle Hanka Schjeldcrup chante et pleyèle du Wagner. — Mlle Boutet de Monvel vient de triompher dans un Récital-Franck ; on ne peut jouer avec plus d'autorité, avec plus de foi, l'admirable *Prélude-Aria-Final* et les *Variations symphoniques*. L'*Euterpe* fait, comme toujours, de bonne besogne sous

la conduite de M. Duteil d'Ozanne ; on vient d'y
exécuter beaucoup de Bach, et Mlle Vicq s'y est
montrée gentille, en même temps que Mme Auguez de Montalant, ennuyeuse, et Mlle de Jannel
de Vauval excellente ; impossible d'interpréter
l'*Esurientes implevit bonis* avec un plus beau
style ; elle ira loin : *Bach et spera !*

22 février 1898.

Je n'ai pu entendre, chez Colonne, l'ouverture
de la *Vestale*, mais on me dit que, goûtée des
seuls connaisseurs, elle recueillit des applaudissements manquant un peu de spontinéité.

M. Philipp (Isidore) a délicatement perlé le
gracieux concerto de Mozart, — avec un andante en *fa dièze mineur* charmant, — puis il
s'est fait applaudir, comme compositeur, dans
une *Rêverie* que, trop pressé, il a chargé notre
ami Charles Malherbe de vouloir bien orchestrer
(aimable chant de violoncelle repris par le violon
solo ; succès). M. Paul Viardot a récolté tous
les applaudissements disponibles en violinant
des variations précieuses de Tartini sur un
thème de Corelli, très chaise-à-porteurs.

Sur des vers chantants d'André Theuriet,
Deuil d'avril (quand j'étais gamine, on les

appelait « Brunette », je crois), M. Lenepveu, membre de l'Institut (oui, de l'Institut!), a écrit quelque chose qui réussit parfois à s'évader de la platitude pour tomber aussitôt dans la prétention. Quant au célèbre nocturne d'*Hernani*,

Tout s'est éteint, flambeaux et musique de fête...

ce professeur de composition (oui!) au Conservatoire (oui!) s'est permis de le défigurer par une musique scandaleusement inintelligente, et qui trouble cette admirable impression de silence et d'émoi avec des bousins ridicules. Et des vers répétés! Et une emphase! C'est Victorhugrotesque!

A l'Ambigu, pour la grande joie de l'éditeur Baudoux (récemment palmé, compliments), la mignonne Arger a fait applaudir deux personnelles et expressives mélodies de Duparc, le *Lamento*, avec son obstiné retour de quatre notes douloureuses qui « chantent leur chant », et la *Sérénade Florentine*, chère à Henry Cochin. Mme Roger-Miclos, en robe blanche, et M. Pierné, en redingote noire, ont concerté pianistiquement, avec succès. Enfin Fugère triompha avec les *Cochons*, humoristique zoologie de Chabrier. O la désopilante modulation amenée bien cocassement, la queue en vrille!)

26 février 1898.

Hier, ce mâtin de Brisson, — pas l'austère Bidel de la Chambre, non, mais l'apollonien directeur des *Annales politiques et littéraires*, — hier, donc, Adolphe Brisson m'en a fait une bonne, une bien bonne; il a eu le toupet d'écrire dans son canard : « Chaque dimanche, l'Ouvreuse aux rubans roses jonche de cadavres le Cirque d'Eté; depuis qu'elle manie la férule, elle a tué plusieurs générations de musiciens... »

Encore que les musiciens tués par moi se portent assez bien, je veux me montrer fille soumise (pourquoi riez-vous?), soumise aux objurgations de Brisson-le-Bel; donc, aujourd'hui, rien que des appréciations mielleuses, des jugements sirupeux comme ceux d'Adolphe lui-même; sucré Brisson, va !

Excellente séance de musique de chambre donnée par l'excellent pianiste Philipp, l'excellent violoniste Rémy, l'excellent violoncelliste Loëb, l'excellent alto Bailly, l'excellent flûtiste Hennebains, sans oublier l'excellent second violon Tracol (ouf!). — Remarquable concert du remarquable violoniste White, remarquable exécution d'un remarquable quatuor schumannien, puis du remarquable posthume de Beethoven, le *Roi des Aulnes*, puis de remarquables danses exotiques provenant, je crois, du Chili... à moins que ce ne soit du Petchili, tout cela remarquable. — Très réussi, le troisième concert des « Petites Auditions », dirigé par Louis Pister de façon très réussie ; la très réussie *ballade* de MM. Dante Allighieri et Ernest Chausson, d'un chromatique très réussi, fut acclamée, ainsi que le copieux Quatuor de Dvorak, très réussi, conduit avec un entrain impeccable (et réussi) par Marcel Herwegh qui, enchanté de voir la séance si réussie, cria, en rentrant au foyer des artistes : « Vive la France ! vive la Réussie ! » — Parfaite, l'audition de Mme Mitaut-Steiger qui a interprété, avec le parfait Marsick, la parfaite *Sonate à Kreutzer*, en perfection ; au programme, de parfaites compositions dues à Bemberg, Chaminade, Fontenailles, trio plus que parfait ; le tout dans la parfaite salle Pleyel.

Et maintenant, volons chez le Patron, pardon, chez Chevillard, pardon, chez Weingartner. Malgré le soleil, conseilleur de ballades, l'ex-capellmeister de l'Opéra de Berlin fait recette ; beaucoup de monde, beaucoup ; je cite pêle-même : le poète de la *Sakountala* (si délicatement musiquée par Pierre de Bréville) qui prend des notes pour le *New-York Herold*, Julien Tiersot qui publie dans le *Ménestrel* son deux cent trente millième article sur les *Maîtres Chanteurs*, Alexandre Georges barbu, Doret rasé et raseur, Poujaud réservé, Amic lyrique, Servières fin connaisseur, Febvre incompétent, Gaupillat silencieux, Ernst-à-la-parole-rapide, Raymond Bouyer au sourire éloquent, le fin Danbé, Pierret palmé, Cortot qui le sera, Marty grassouillet, Bagès comme Marty, l'antisémite Robert de Bonnières, Ducasse en qui l'on espère, Cahen de qui je n'en dirai pas autant, Friedrich endormi, Fierster rêveur, Price; Mmes Gallet, Diémer, Clemenceau, Steinhilber, Lefèvre, comtesse de Volkenstein, Louis de Serres aux cheveux fougueux... dites donc, je n'en jette plus, ma page est pleine!

L'air d'un student werthérien, avec ses tiffes romantiques et la *Gemüthlichkeit* de son sourire, Weingartner, par sa mimique abondante et saccadée, par son intelligence, par son exotisme aussi, électrise le public; vous vous rappelez Mottl et son interprétation de *Tristan?* Eh bien, l'antibayreuthien Weingartner adopte des nuances presque opposées, et c'est très bien tout de même. Où je préfère le capellmeister de Carlsruhe, c'est dans le saisissant crescendo de l'ouverture de *Léonore* (accord de 7° dominante sur tonique); Weingartner a plus de sécheresse; dans le *Vaisseau-Fantôme*, des délicatesses précieuses.

Au Châtelet, plusieurs rappels pour Arthur de Greef, étourdissant dans le concerto en *sol mineur*, de Saint-Saëns, dont il fait voltiger le Scherzando (amusante et bondissante la deuxième idée, en *si bémol*) avec un entrain qui ravit Au-

guste Durand, Mmes Héglon et Loventz,
Berardi barbu, Ganne moustachu, un nègre
crépu, deux hurluberlus, et puis Georges Hüe
(on rime comme on peut). Ensuite, on acclame
Pierné qui a mis dans le Mil avec son poème
symphonique moyen-âgeux, la partition la plus
serrée, la plus « musique pure » qu'il ait écrite
depuis longtemps. J'étudierai plus à loisir, lundi
prochain, les trois parties de cette œuvre aux
colorations pittoresques : lamentation du peuple
qui, croyant venue son heure dernière, élance au
ciel des *Miserere* (que sa terreur lui fait, parfois, prosodier douteusement) non sans quelques
souvenirs franckistes, — *tu quoque, Gabriel!*
— des rappels de *Dies iræ*, discrets ; puis la
fête des fous, la messe de l'âne où le chœur brait
sa joie rude, contre-pointée avec un *Kyrie* que
le tuba vient d'exposer à découvert, parmi les
grelots tintinnabulants, et les prouesses légères
de la trompette avec sourdine (bravo, Petit !), et
la turbulence des danses qui s'élancent en cadence, insoucieuses de M. Challet objurguant de
la coulisse (voix superbe) en une phrase que
j'aurais voulue de tonalité plus lointaine *alla
Titurel!* enfin, toute la floraison des prières
montant vers Dieu en gerbes reconnaissantes
après l'épouvante apaisée de l'*An Mil.*

1ᵉʳ mars 1898.

Au Nouveau-Théâtre, pour le plus grand profit de M. Colonne, né malin, double attraction Marsick et Arthur de Greef, double virtuosité, double succès, chacun d'eux exécutant sa propre musique, le violoniste hongrois son *Poème de mai* (pas commode), le pianiste belge sa *Valse caprice* (malaisée). Mon Dieu! que je serais donc embarrassée de jouer ces choses ardues! Tout ce que je peux faire, c'est les écouter, respectueuse devant tant de vélocité, de sûreté, de dextérité...

Ah! ça devait les embêter, ces artistes, de suer sur leur Amati et leur Pleyel, quand ils étaient petits, au lieu de jouer aux barres! Moi je ne voulais jamais travailler; aussi, voilà, je suis devenue Ouvreuse. Méditez ça, enfants qui me lisez...

J'ouvre une parenthèse pour vous apprendre diverses choses : Mlle Marie Ador a, me dit-on, chanté un programme de choix avec cette science aimable et cette grâce savante que vous lui connaissez. Vendredi, à deux heures, en l'église Saint-Gervais, audition de « mélodies inspirées », inspirées par le désir de faire gagner quelque argent à leur auteur « l'homme des cathédrales », une manière de Rollinat mystique surnommé

Mérovak, qui habite la tour du Nord à Notre-Dame-de-Paris.

Revenons au Nouveau-Théâtre :

La *Chanson d'Automne*, de M. Lutz, pourrait être signée Tremizot ou Chaminade; c'est pitié de voir un compositeur, doué, descendre aux niaiseries sentimenteuses de telles confections! Puissamment chanté par M. Ballard, l'*Hippopotame* fut bissé, que M. Bourgault-Ducoudray musique avec des accentuations d'un pittoresque énorme et des accords pachydermiques. Et ce *Repentir* posthume, interprété par Mlle Lise d'Ajac, non sans succès, ce laissé pour compte de Gounod truqué, fanoché, habile jusqu'à la maladresse... Ah! ne fouillez pas les tiroirs des morts !

Hænsel et Gretel, — que M. Carré, je pense, nous donnera bientôt, — c'est de la charmante musique, par instants savoureuse, qui, constamment, boit aux sources populaires, quelquefois jusqu'à la dilatation... Un duetto d'une naïveté fort adroite en fut gazouillé par Mmes X... et Arger pour la complète allégresse des spectateurs de l'Ambigu, charmés, en outre, de la façon dont Mlle Mathieu d'Ancy (elle progresse miraculeusement) sut dire la strophe fluide et douce du petit Homme au Sable qui ferme les yeux des marmots ensommeillés. — Moins séduisante, pour beaucoup, je le gage, que les érudites naïvetés de Humperdinck, la Grande Sonate (op. 121) du Schumann fut enlevée, par les frères Geloso, splendidement.

5 mars 1898.

Au Châtelet, la « Fantaisie pour orchestre » de Guy Ropartz (le Colonne et le Chevillard de Nancy) vient d'obtenir un succès dont je me déclare surprise, presque autant que satisfaite, attendu que c'est là une œuvre démunie de toute préoccupation littéraire ou pittoresque, partant mal propre (du moins je l'aurais cru) à séduire le public. Ah ! la musique « pure » !... pure de séductions dramatiques et d'intentionnistes chichis, comme je l'honore ! Mais comme je suis embêtée quand il me faut en rendre compte ! Samedi soir, à la Nationale, le plus qu'intéressant *Quintette* du cuirassier G.-M. Witkowski, bien touffu et bien f....., a charmé les connaisseurs comme un début plein de qualités et de promesses, mais qu'en dirais-je de précis ? Rien ! Rien non plus du deuxième *Quatuor* de Vincent d'Indy (encore inédit, je crois), qui m'a transportée, au point que je n'ai pu retenir une petite larme pendant le « très lent », d'une sérénité poignante... Tout le public a subi le charme de cette inspiration si noble et l'envahissement de sa dominatrice beauté ; mais dire le pourquoi de cette beauté, de ce charme, dame, c'est comme des dattes !

Revenons au Châtelet, où pour applaudir Arthur de Greef, toujours ressemblant à Charles Ier (mais qui voudrait être son Cromwell? Personne)... se pressaient des foules en délire. La *Fantaisie*, du précité Guy-Ropartz, comprend plusieurs thèmes que je vous énumérerais volontiers, si je ne les avais tous oubliés, tous, sauf un motif breton, à *cinq-quatre*, délicieux ; orchestrée sans clarinette basse, sans cor anglais, sans tuba, sans harpe, elle tend à la simplicité (comme le second quator de d'Indy, comme celui d'Ernest Chausson, comme les dernières œuvres des musiciens pour de bon, qui laissent les petits vernis de la composition s'exterminer à couper des faux cheveux en quatre) : c'est de la « musique avant toute chose », et qui ne connaît point « l'impair ».

Succès pour le *Concerto* de Grieg, bellement enlevé par le blond de Greef. Dire que je l'ai gobé, jadis ! Il me rase aujourd'hui (pas Arthur, le *Concerto*) ; pourtant il commence bien, mais ce n'est agréable qu'un instant, — comme le pal, au dire des connaisseurs.

La trilogie moyenâgeuse de l'*An Mil* (angoisses du peuple, fêtes grossières des impies qui croient la mort proche, *Te Deum* de délivrance) a valu de nombreux applaudissements à

Gabriel Pierné, qui a fait là un vigoureux effort,
autrement méritoire que les trop aisées joliesses
de lucratives pantomimes. Les ingéniosités
orchestrales abondent, par exemple le *hi-han* de
l'âne, donné symphoniquement par des fusées de
flûtes et de clarinettes dans l'aigu, avec les violons glissant une quarte augmentée en sons harmoniques et retombant (en tirant sur l'archet) sur
la quatrième corde ; quant à la complainte du
dernier jour, — coupée par les sons harmoniques glissés, comme par des hoquets d'ivrognes
— elle est authentique, et conservée dans les
Archives de Montpellier... Avez-vous remarqué
que violoncelles et altos jouent, à ce passage, de
l'autre côté du chevalet ? Non ? Vous ne remar-
quez donc rien ?

Apprenez vite que la voix de M. Challet sonne
magnifiquement, que M. Monteux joue on ne peut
mieux de l'alto, que M. Colonne dirige avec maîtrise son orchestre, et M. Fock ses chœurs, et
suivez-moi au Cirque d'Eté ; il est plein, déjà !
Princesse Bibesco, marquise d'Espeuilles, comtesse de Chaumont-Quitry, baron de Montes-
quiou, prince Brancovan, Wenceslas de Radwan ;
décidément, ce Weingartner attire aux Champs-
Elysées toute la noblesse française, et l'autre
aussi ! Je crois même avoir aperçu, çà et là, quelques infimes roturiers, le brun René Benoist,
Fierens-Gevaert (qui me recommande de lire,
dans la *Revue du Palais*, des lettres inédites de

Voltaire), Henri Amic au rire incisif, Reynaldo Hahn aux yeux d'Andalouse.

Avant de louer le chef d'orchestre, je vais me dépêcher d'être rosse à l'égard du compositeur ; son *Roi Lear* est vraiment plus rasant que shakespearien ! Une notice thématique (si soigneuse) explique que le thème I représente le Roi puissant, le II les courtisans hypocrites, le III Cordelia, le IV la Tour Eiffel... Ça m'est égal, ça m'est égal : ces motifs, que valent-ils ? Pas tripette (pour la plupart, du moins), et leurs combinaisons sont fécondes en sonorités grincheuses, et, dès qu'ils s'extériorisent, leur laideur laborieuse devient de la grâce banale pire que la laideur (cf. le thème de l'Amour) ; à présent, je ne nierai pas l'habileté instrumentale de certains épisodes, et que toute cette ouverture (d'un classicisme abrupt empanaché de romantismes mal venus) dénote un musicien consommé. Mais, consommé ou non, il a bu un bouillon.

En revanche, le capellmeister est un maître, un grand maître ! Les délicatesses frou-froutantes du *Songe d'une nuit d'été* (où le flûtiste Bertram s'est fait bisser), la poétique ouverture de la *Grotte de Fingal* (dont la deuxième idée sent le Schumann, délicieusement), et surtout le Finale de la *Symphonie en la*, personne ne peut mieux les conduire ; après l'exécution du chef-d'œuvre beethovenien, une immense acclamation a retenti ; tout l'orchestre s'est levé ; Weingartner, livide, échevelé, saluait avec une raideur souriante : il y a eu là un joli moment.

Chez d'Harcourt, un public très élégant, fleuri de chanteuses (Mmes Mary Ador, Caccamisi, etc.), fête ce qui reste de Rose Caron.

Au dernier Concert de la Nationale, on applaudit les doigts de Mlle Dron, le quatuor de M. Parent, le titre de M. Ravel : *Sites auriculaires !!* Nous en reparlerons.

8 mars 1898.

Tous les jours que Dieu fait, sévit à Paris une bonne demi-douzaine de concerts (quand je dis « bonne » !...). Chacun d'eux me vaut une douzaine, pour le moins, de lettres de recommandation ; et comme je ne puis, décemment, remplir de mes comptes rendus les quatre pages de l'*Écho de Paris*, vous devinez quelle collection d'ennemis je me compose, quotidiennement accrue ; à chaque jour suffit sa haine !...

Chez Pleyel, Arthur de Greef passionne les dames (je ne lui en fais pas un grief) avec la Romance de Schumann (*fa dièze*) qu'il parsème de câlins effets de sonorités qui font pâmer, puis avec l'*Alceste* de Gluck (et non Glück, cher monsieur d'Harcourt) où, selon le dire du poète Boissier, « la phrase s'inscrit comme une fresque au fronton d'un temple antique ». — Aujourd'hui vendredi, audition d'œuvres de Fauré, l'après-midi, chez Mme Toutain ; le soir, chez la comtesse de Chaumont-Quitry ; la nuit chez Mme... mais soyons discrète ! — Au Mondain, sermon savoureux du Rév. Père George Vanor, prêchant « le Carême lyrique » pour présenter Mlle Finher qui fait applaudir l'adorant *Panis angelicus*, de César Franck, par tous les fidèles.

Les chanteurs de Saint-Gervais, Mlle Plomb en tête, sous la conduite de Bordes, savant sans pédantisme (*rara avis*), interprètent Palestrina et Tiersot — ce sont deux puissants dieux — pour la plus grande joie des auditeurs de l'Ambigu, qui fêtent comme elles le méritent Mmes Roger-Miclos, parfaite dans une Sonate de Bernard, et Héglon, magnifiquement passionnée dans un passionné Schumann.

Au Nouveau-Théâtre, à force d'ouïr l'orchestre Colonne, le récitant Albert Lambert s'emmusique, fignole les notices de l'ami Charles Malherbe, « fait des passages », trille les épithètes ; précieuse recrue pour l'Opéra !

Dans la mozartique *Clémence de Titus*, le quatuor disparaît, étouffé par des cuivres énergumènes. Par fortune, dans le mouvement lent du cinquième concerto de Bach, l'orchestre se tait, de sorte que le succès de MM. Diémer, Boucherit et Cantié n'est pas compromis. Sur une hypothèse de Sully-Prudhomme, *Si j'étais Dieu*, Mme de Granval musique des choses ressemblant à *Si j'étais roi*. — Le succès du *Ballet de la reine*, vieillerie-niaiserie, prouve que le public se plaît toujours aux tabatières à musique.

12 mars 1898.

Diémer triomphe au Châtelet, Hugo Heermann au Cirque d'Eté, le soleil dans la rue ; le premier de ces trois artistes interprète le 5ᵉ Concerto de Saint-Saëns dont l'épisode javanais en *fa dièze* m'amuse toujours, avec son curieux petit effet de « jeu de mutation », ses petits zizi dans le haut du clavier, son petit coup de gong frémissant, ses petits exotismes à treize sous le petit paquet ; mais zut pour le banal chant « des bateliers du Nil » arrivé là en passant par l'Italie, évidemment. Si l'auteur ne s'en est pas aperçu, c'est qu'il était aveuglé par les cataractes... Trois rappels formidables : Jossic, Cortot, tous les pianistes applaudissent avec ivresse. Est-ce que les musicos vaudraient mieux que les littérateurs ?

Je suis un peu embarrassée pour disserter savamment du *Soir de fête*, d'Ernest Chausson, que j'aime beaucoup, parce qu'il renverse toutes mes idées sur le caractère des tonalités ; mais voyons d'abord sa construction d'une lumineuse logique : au début, bruit de la fête, et la joie populaire, librement, s'ébat ; puis, accalmie, la nuit mystérieuse verse sa paix dans l'âme du rêveur ; bientôt la griserie des tapages recommence ; mais de nouveau la nuit calme ces vains tumultes et l'œuvre s'achève dans une tendresse pacifiée. Je serais bien empêchée de rien objecter à cette donnée, claire et poétique tout ensemble ; mais, comme je vous le disais tout à l'heure, c'est le choix des tonalités qui me chiffonne. Les thèmes de la fête sont tous en *la bémol*, ton plutôt mélanco, tandis que la rêverie nocturne fleurit dans celui de *mi*, que j'avais toujours cru plus lumineux que le *la bémol*. Le malheur (pour ma théorie), c'est que tout le morceau sonne à ravir, ce qui prouve une fois de plus qu'un musicien peut et doit se ficher des opinions admises, commencer son œuvre dans un ton et la terminer dans un autre... pourvu qu'il ait du talent. Or Ernest Chausson (ce n'est pas d'aujourd'hui que je le sais) a du talent, plus que du talent. Et son *Soir de fête* est absolument réussi. Pour ma part, c'est surtout la partie nocturne qui m'a ravie, avec ses flûtes roucouleuses qui se pâment, et l'adorable phrase languide pleurée par la clarinette cependant que le cor murmure ; mais cette préférence ne me rend pas injuste pour l'entrain verveux du début, pour l'énergie du thème qui frémit aux basses sous les batteries fougueuses du quatuor.

Et ce m'est une joie profonde de constater que, parallèles au mouvement de rénovation poétique dont je n'ai pas à m'occuper ici, des tendances de liberté, d'aération, de grandissement, de vitalité se dessinent en musique ; ouvrez les fenêtres ! Comme le d'Indy du second quatuor, comme le Chausson du *Soir de fête*, ô compositeurs, flanquez-moi bas vos châteaux de cartes (biseautées) tripotés trop longtemps : Ayez une âme ! on en réclame ! Et foin « des mornes jeunes gens aux grimaces de vieux » qui s'attardent à leurs menuailles surannées et ne se sont pas encore « aperçus que n'avoir pas d'âme, c'est horriblement ennuyeux ! » Oui, Rostand.

Je laisse l'excellent peintre Lerolle, l'excellent critique Dukas, l'excellent gaffeur Bruneau (de qui le *Messidor* vient de sombrer à Bruxelles), l'excellent baryton-amateur Girette, l'excellent dilettante Poujaud, l'excellent esthéticien Fierens-Gevaert, et maintes autres Excellences, applaudir le *Déluge* (où, paraît-il, le jeune Thibaud s'est couvert de gloire), et je m'esbigne pour retrouver, au Cirque, Mallarmé le bon poète, Fromont le bon éditeur, Ernst le bon musicographe, le bon ami Stoullig, Raymond Bouyer bouyant d'enthousiasme pour le violoniste Hugo Heermann, et Capel... meister de reportage au *Gau-*

lois. La Symphonie en *ut majeur* de Schumann, admirablement dirigée par Chevillard, foisonne de jolis « travaux » d'écriture contrapuntique, mais me rase un peu, néanmoins, un petit peu.

— Du jeune Crocé-Spinelli, aspirant prix de Rome, on nous donne trois poèmes chantés, fort applaudis par Mmes Hellmann, Odette de Vauréal, marquise de Lizery, toutes violemment surprises qu'un compositeur puisse se faire jouer, si jeune, sans être étranger ; la pièce la plus fêtée, une richepinade intitulée « le Pendu joyeux », ne me plaît qu'à demi, d'un pittoresque trop aisé ; j'aime assez « La nuit égrène son rosaire », encore qu'il me semble dangereusement commode de réduire le chant de la voix à une psalmodie ; mais la première pièce de l'*Intermezzo* (délicatement traduite par Guy Ropartz et P.-R. Hirsch), nerveuse et personnelle, m'a plu.

Succès colossal et mérité pour le grand violoniste Heermann (dont plus d'une rêverait d'être la Dorothée) ; pureté de son, impeccabilité du style, habileté d'exécution, rien ne manque à sa gloire, il manquait à la nôtre. Après l'*In moto perpetuo*, on voulait le porter en triomphe ! — Dans les *Murmures de la forêt*, la clarinette en *la* abuse de la permission d'être un peu bas ; sans doute l'oiseau de Siegfried s'est posé sur les branches inférieures...

Chez d'Harcourt, après son air d'*Alceste*, Mme Rose Caron est rappelée cinq fois. Qu'est-ce qu'on lui ferait donc si elle avait encore de la voix ?

A l'Opéra-Conservatoire, aperçu l'énigmatique Kunkelmann-Kerval et Téodore de Wyzewa, au sourire tolstoïsant, etc. La *Messe en ré* (on n'entend pas l'orgue), les abonnés n'en parlent qu'avec extase, mais ils l'applaudissent peu ; ils accordent à Mmes Drees-Brun et Passama des bravos courtois, mais ce qu'ils s'embêtent !

15 mars 1898.

Encore que les Parisiens aient mi-carêmé hier, brûlés par l'ardeur d'une fièvre que la médecine moderne catalogue « confetty phoïde », les concerts ne chômèrent point. Ah non ! ils ne chômèrent point, les concerts !

Salle Erard, M. Colonne lui-même, ayant arboré sa barbe des grands jours, blondie à l'auréoline, suscite des applaudissements dont le fracas vient mourir aux pieds de Mlle Juliette Toutain, généreuse dispensatrice de quatre concertos pour piano et orchestre, quatre ! Celui de Chopin (*fa mineur*), délices des dames sensibles, fait pâmer Mlle Joséphine Martin qui croit qu'elle a encore vingt ans, que c'est elle qui l'exécute et que nous sommes en 1840. Celui de Saint-Saëns (*sol mineur*), avec un presto mirifiquement enlevé, enthousiasme Paul Braud dont le nez aristo a toujours l'air d'avoir été aux croisades. De celui de Litolff (*ré mineur*), Mlle Toutain ne donne que le « scherzo » qui déchaîne des rugissements d'enthousiasme ; Jossic pleure d'ivresse. Enfin, celui de Liszt (*mi bémol*) est un feu d'artifice dont pas une fusée ne rate, ni un soleil, nom d'un pétard !

Demain samedi, chez Pleyel, récital Wurmser avec, au programme, la pittoresque *Valse de Méphisto*, de Liszt, qui sera bissée, le pianiste Satan à ça.

Le jeune Cortot, lui aussi, la jouera mercredi, également salle Pleyel, et la *Sonate caractéristique* itou, et plusieurs légendes avec, toutes de Liszt, toutes consacrées à divers saints François, comme il sied : saint François d'Assise, saint François de Paule, 5 fr. 75, etc.

19 mars 1898.

Le diable emporte mon ami Charles Malherbe ! Autrefois, c'était un plaisir d'écrire les « Lettres de l'Ouvreuse ». Gravement, j'enseignais aux foules dociles que Beethoven, né à

Bonn, occupa ses loisirs à la confection de plusieurs symphonies ; que, chez Mozart, l'imitation de Wagner est peu visible ; qu'il est plus chic d'organiser des Festivals-Fauré que des séances Gaston Lemaireuses, etc., etc., toutes données que le populo avalait bouche bée. Aujourd'hui, va te faire fiche ! Les programmes du Concert-Colonne sont rédigés avec une richesse de documentation vraiment dégoûtante par l'archiviste Charles Malherbe qui voit tout, qui sait tout, qui met sa prose partout. Grâce à ce brigand impeccable qui ne me laisse plus rien à révéler, les auditeurs du Châtelet en savent autant que moi, sinon plus. Conspuez Malherbe qui, au risque de me mettre sur la paille, renseigne ses lecteurs —, les miens ! — avec une précision infernale sur les compositeurs, leurs origines, leurs tendances, leurs œuvres, les maîtresses qu'ils fréquentent, les grains de beauté qu'ils ont au postérieur !...

Pour me venger, je vas toujours lui filouter quelques tuyaux sur le diluvien oratorio de Saint-Saëns, exécuté hier par M. Colonne devant un public de choix (marquis de Gonet, marquise de Montalembert, comtesse de Vaux Saint-Cyr, Eugène de Sólenières, etc.) Oyez Malherbe : pour diviser la couleur de l'ensemble et préciser les caractères musicaux, Saint-Saëns a modifié, dans les trois parties du *Déluge*, la composition matérielle de l'orchestre. La première partie, répondant à la simplicité du récit biblique, ne comprend que les instruments à cordes (entre nous, ça la rend un peu embêtante, par instants) ; la troisième, traduisant des sentiments humains, emploie tous les instruments de la symphonie classique ; mais la seconde, qui doit décrire le plus effroyable cataclysme, oh ! dame ! la seconde se cuivre véhémentement. deux trompettes supplémentaires à six pistons, deux trombones gigonnaires, addition de deux contrebasses de cuivre, et allez donc, zim ! boum ! zim ! boum ! En avant, Arche !

Bonne exécution : le jeune Thibaud a violoné comme un amour l'aimable phrase, plutôt connue, du Prélude ; les solistes ont fait de leur mieux. M. Challet a une forte voix mais qui parfois inquiète : n'abuserait-il pas du cigare ? Les chœurs ont bien marché, surtout le final : « Croissez donc et multipliez », traité en *imitations*, vous diront les gens savants : l'imitation de Notre-Seigneur Hændel, je pense...

Je vous dirais bien que Baretti, bissé par une foule bavant d'extase, dut recommencer le solo de violoncelle des *Erinnyes*, trouvé trop court par les massenettistes, « une *Erinnye* étranglée », grognait un bandagiste mélomane ; mais. il faut que je me hâte de vous parler du Cirque où se pressait une foule élégante et franco-russe. J'ai vu Mmes Otto Singer, comtesse de Greffulhe, Odette de Vauréal, Benardaki, MM. Armand

Laffrique, le sémillant Louis Ganne, Robert de Souza, l'air byronien, Schuré aux moustaches toujours noires, Salvayre à la dent féroce, l'érudit Soubies et le pauvre Torchet.

Grands applaudissements pour le *scherzo* de la schumanienne *Symphonie* en *ut* ; dans l'*Adagio*, le hautbois se distingue ; le Finale continue à me paraître un peu rasant et encombré de timbales ; mais, sapristi ! que Chevillard conduit bien cette musique-là ! M. Lamoureux lui-même en semblait convaincu !

Mme Gorlenko-Dolina, de l'Opéra de Saint-Pétersbourg, a une forte voix, nette et juste, qui a beaucoup plu et qu'elle emploie à chanter une fichue musique ! Passe pour la Cavatine du *Prince Ygor*, aux coquetteries un peu essoufflées, mais cette poussiéreuse romance de Glinka, et ces italienneries de Solowieff, c'est crevant ! La très connue et très jolie « Chanson du berger Lell » a été bissée, comme de coutume. Alors on a traîné sur l'estrade une corbeille de fleurs énorme, de quoi nourrir un bœuf.

J'aime beaucoup Julien Tiersot, mais je n'aime guère sa *Légende symphonique*, « Sire Halewyn », œuvre bourrée d'effets archi-connus, encombrée de réminiscences (celle des *Murmures de la Forêt* a estomaqué, si naïve !), habilement orchestrée, d'ailleurs, et qui fut bien accueillie par le public.

Samedi soir, la Nationale a donné, au Nouveau-Théâtre, un concert avec orchestre, un calme concert. Les intransigeants du « Doigt dans l'œil » mettent le doigt, assagis, sur la couture du pantalon ; les Chevaliers de la Dissonance tournent aux gardes nationaux, hélas ! M. Théodore Dubois qui, fort courtoisement, avait tenu à entendre ces œuvres de jeunes, les a dû trouver d'une correction administrative.

Succès pour l'*Hymne à Vénus*, de Pierre de Bréville (duo stellaire baigné de grâce pensive) ; le poème de M. de Wailly : *Sous un berceau de clématite*, a paru très distingué ; le *Dimanche breton*, de Guy Ropartz, très bien construit ; le morceau symphonique de Léon Moreau : *Sur la mer lointaine*, très intéressant (et très joli le thème breton dit par le cor anglais) ; le concerto pour violon de Raass, très embêtant.

22 mars 1898.

Opéra-Comique. — *L'Ile du Rêve*, pièce en trois actes, d'après le *Mariage de Loti* paroles de MM. A. Alexandre et Hartmann, musique de M. Reynaldo Hahn.

Routiers éprouvés, qui savent plus d'un tour, MM. André Alexandre et Georges Hartmann ont déployé dans l'*Ile du Rêve* leur habileté coutumière. Ce n'est donc pas à ces deux librettistes émérites qu'il convient de tenir rigueur si leur adaptation, pour ingénieuse qu'elle soit, ne peut évoquer le charme étrange et indéfinissable des livres de l'Immortel-marin, et particulièrement du *Mariage de Loti*; cette suite de notations d'un érotisme attendri, l'action qui les relie est si mince : un officier de marine, désireux d'une petite maorie, l'épouse, ou tout comme ; après quoi, il cingle vers d'autres affections, Mme Chrysantème, la noire Fatou-Gaye, et l'Académie française, ce port.

Ce qui séduit sur toutes choses, dans le roman dont fut tirée l'*Ile du Rêve*, c'est les descriptions exotiques, où flottent, en bouffées voluptueuses, avec l'âme chaude et primitive des Océaniens, les parfums des lauriers-roses, des goyaviers, des mimosas en fleurs ; et c'est la grâce mystérieuse de la mignonne Mahénu (*alias* Rarahu) amoureusement décrite par Loti « avec ses yeux d'un noir roux, d'une douceur câline, comme celle des jeunes chats quand on les caresse, ses cils si longs qu'on les eût pris pour des plumes peintes, son nez court et fin, comme celui de certaines figures arabes, ses cheveux parfumés de sandal, tombant en masses lourdes sur ses épaules nues... »

Pour traduire ce charme tahitien, fait de langueur et de tristesse douce, comme l'énervante tiédeur des brises qui caressent les îles océaniennes perdues dans l'immensité du Pacifique, pour évoquer la clameur du ressac contre les brisants, l'ombre épaisse des palétuviers et la mélancolie des flûtes de roseaux soupirant sur la grève, il aurait fallu de la musique. Elle seule pouvait exprimer l'inexprimable par sa suggestion enveloppante, son envahissement berceur. Or, dans l'*Ile du Rêve*, il n'y a pas de musique, ou si peu !

M. Reynaldo Hahn est un compositeur heureux ; les salons le cajolent et la *Revue des Deux Mondes* le préfère à Fauré. Les cantatrices mondaines assez intelligentes pour avoir répudié les confections des Gaston Lemaire et autres Tremizot, mais trop peu musiciennes pour s'élever jusqu'aux œuvres de réelle valeur, raffolent de ses *Chansons grises* ; elles débitent ces mièvreries d'une voix plus extasiée, souvent, que juste ; elles pâment. Et M. Camille Bellaigue, que son amour du Joli éloigne du Beau, enguirlande cette musiquette d'éloges qu'il refuse aux *Maîtres-Chanteurs*.

Qu'en l'*Ile du Rêve* M. Reynaldo Hahn fasse preuve d'une certaine sensibilité (muée bien vite en sensiblerie), qu'il ait hérité de M. Massenet, comme le veulent ses admirateurs, le secret de certains murmures mélodieux, je n'y contredis pas. Mais, au théâtre, pour qu'une œuvre réussisse, elle doit se recommander par des qualités autres, et les grâces affadies n'y suffisent point. Après l'agrément volatil que certains peuvent d'abord goûter, aux premières mesures, la monotonie ne tarde pas à devenir cruelle de cette partitionnette où, presque seules entendues, les flûtes roucoulent parmi des harpes minaudières, où l'afféterie des cadences mignardes écœure, où les ariosos succèdent aux ariosos, sucrés de bémols.

D'ailleurs, succès incontestable accueillant « le premier ouvrage de M. Reynaldo Hahn », comme s'exprime le régisseur, deux rappels, congratulations générales.

Mlle Guiraudon fait applaudir une manière de Berceuse : *Restons encor les paupières mi-closes*, qui sera bientôt sur tous les programmes mondains, et qui le mérite ; M. Clément, très goûté lui aussi, ténorise avec agrément ; M. Belhomme ne peut être qu'assommant dans le rôle d'un vieux Taïtien qui psalmodie des versets de l'Ancien Testament (aussi bien tout ce hors-d'œuvre biblique, y compris le prélude du deux, à prétentions gluckistes, m'a paru d'un ennui désastreux) ; Mmes Bernaert et Marié de l'Isle font preuve de savoir et de goût, si bien que je ne serais pas surpris, non plus que fâché, de voir longtemps maintenue sur l'affiche — surtout si Messager, capellmeister de premier ordre, continue à la diriger — cette idylle polynésienne en trois actes et je ne sais combien de romances.

25 mars 1898.

Assistance cossue, au Cirque ; entrées de faveur « rigoureusement » (ça doit être une rédaction du Patron), rigoureusement suspendues ; parquets à quinze francs (le Parquet de la Seine ne vaut pas ce prix-là), promenoirs à huit balles, recette formidable, vive Mottl ! Y a du bon ! *All right !* Chouette ! Je vous l'ai présenté, déjà, l'année dernière, l'éminent *Generalmusikdirector* du théâtre de Carlsruhe... Un gars, mes sœurs ! Carré comme le motif des *Maîtres-Chanteurs*, les épaules larges comme la clémence du roi Marke, on devine en lui — c'est André Hallays qui l'a dit, excellemment comme il dit tout — une nature fortement équilibrée, maîtresse de soi et capable de sang-froid, même lorsque le regard et le geste déchaînent dans l'orchestre les ouragans et les délires de la symphonie de *Tristan.*

Hier, ce n'est pas (ô stupeur) son *Tristan* coutumier qu'il nous a servi, mais (histoire de matcher avec Weingartner) la Symphonie en *la*, dont le finale écorche les oreilles du groviste Bellaigue, trop longtemps caressées par l'ouate des sous-gounodiens et la vaseline des massenetoïdaux pour ne pas saigner sous l'énergique assaut des sonorités beethoviennes ; hurlement des dissonances, écrasement implacable des temps faibles, violence de certaines sixtes brutales comme des coups de poing.

Hier, elles ont paru charmées par l'exécution de la 7ᵉ symphonie, — malgré les anathèmes de Bellaigue, — les aristocratiques esgourdes des « grands » qui se pressaient dans notre Cirque : comtesses de Chabannes-la-Palice, de Chaumont-Quitry, de Germiny, de Béjarry, princesse Bibesco, marquis de Maupeou, baron Maurice Vuillet, René de Castera, Louis de Fourcaud, Mmes de Serres, de Bonnières (enfin revenue !), Odette de Jannel de Vauréal, Maurice Gallet, Boutet de Monvel, les compositeurs Benedictus, Andrès, Bruneau, Alexandre Georges et Chevillard aussi.

Et le fragment du *Drac* les a ravies également, que Mme Mottl a chanté avec une grâce non pareille. Enoch, qui me veut pourtant du bien, ne m'ayant pas invitée à ouïr, en novembre 1896, l'œuvre des Hillemacher, — qui fut donnée à Carlsruhe avec un succès retentissant, — c'était pour moi une primeur ; cette primeur vaut d'être primée ; je la gobe ! V'là ce qui se passe : le Drac, ondin timide, n'osant pas déclarer tout à drac l'amour qu'il porte à Francine, endort la belle, et, plongée dans un sommeil magique, la supplie : « Ce qu'en approchant je sentais de tendre, naguère empêché par le sort moqueur, je ne pouvais pas te le faire entendre, écoute à présent mon cœur dans ton cœur... »

C'est du Paul Meurice, mais la musique fait passer ces mirlitonnades. Elle est d'essence personnelle et fine, cette musique ; jamais vulgaire, ennemie des « effets » catalogués et cependant intensément expressive ; l'ennuyeuse nécessité de supprimer les répliques d'un personnage (et de réduire ce duo à un solo dès lors coupé de trop longs interludes orchestraux) n'a pas empêché les auditeurs — l'élégant Marcel Proust, Bischoffsheim au crâne éburnéen, le blond Rodenbach, Hardy-Thé et Millot, enrubanneurs de romances — de vigoureusement applaudir l'œuvre et l'interprète.

Car elle est fort bien mise, Mme Mottl, pigez : robe de satin bleu-ciel, brochée de fleurs roses, ouverte sur un tablier de mousseline de soie blanche gauflrée, et bordée dans le bas d'une bande de castor ; revers roses couverts d'applications formant pointe dans le dos ; large ceinture rose-bolduc grimpant sur l'épaule où elle s'épanouit en un énorme nœud, cependant que de l'autre côté elle descend en deux pans considérables ; l'ensemble somptueusement pailleté d'or comme il convient...

Dans le finale de la Symphonie, un faux départ des bois, mais bah !... La place me manque pour énumérer les différences d'interprétations de Mottl et de Weingartner (cette dernière me plaît beaucoup plus) ; Mottl prend l'*Allegretto* lent, si lent, que les parties d'accompagnement prennent une importance crevante, mais Gustave Robert vous expliquera ces finesses en détail dans la *Revue illustrée* ; ici la place me manque, et puis mes lecteurs à moi n'aiment que les calembours.

Après que Mme Mottl a chanté le lied de Schubert, *Thécla*, l'applaudissement théclate et Alfred Ernsten pleure de joie ; puis elle détaille le célèbre air d'*Egmont* : « Le fifre résonne », avec une mutine crânerie ; on dirait la Fille du Régiment... Je ne sais pas pourquoi je bougonne comme ça aujourd'hui ; cette chanteuse a un énorme talent, et son mari aussi, qui orchestre la *Bourrée fantasque* de Chabrier très chabrièrement (avec les câlineries et les stridences et toute la bouffonnerie instrumentale requises) ; donc, ne faites pas attention à mes grincheries et passons au Châtelet.

Superbe dans sa superbe robe de satin blanc givrée de diamants, Mme Héglon enthousiasme les habitués de Colonne, d'abord avec un air d'*Orphée* (quand chantera-t-elle tout le rôle ?), puis avec les vigueurs, plus saisissables par la foule, de *Vénus et Adonis*, musique râblée de Xavier Leroux, agrémentée aux bons endroits de quintes augmentées ; cette cantate érotico-mythologico-cynégético-lyrique plaît à Baudoin-Lalondre et à plusieurs autres, pour ce qu'elle a « des muscles » et que l'auteur l'a corsée de fanfares où les cors du Châtelet, d'ailleurs, se crottent jusqu'à l'échine, pas toujours prosodiée à ma guise, mais vivante. MM. Carré et Messager, Hermann-Léon, Auguste Durand, Herwegh applaudissent avec un bel entrain ; Mlle Loventz aussi, délicieusement chapeautée, et la belle Mme Paul Saunière.

Mme Héglon rafla les bravos : Tout-Paris pour Vénus a les yeux d'Adonis.

29 mars 1898.

Pour complaire à une correspondante qui, dans la musique, aime surtout les musiciens, je révèlerai que Xavier Leroux est mince, la bourse bien garnie et le teint d'une pâleur chaude (et chèques et mat !) avec d'abondants cheveux noirs, la vaillance du cœur et le cœur sur la main. N'en demandez pas davantage. . . .

. . . .

Au Nouveau-Théâtre, j'ouïs avec un plaisir très vif le mysticisme attendri de *Bernadette* et l'expressive mélancolie de *Villanelle triste*, ressortissant à un art tout autre que les fresques brossées par Leroux. D'inspiration plus discrètement raffinée, leur action est moins directe sur les auditeurs que les spontanéités débordantes où s'affirme l'adultérin béguin de la femme à

Vulcain pour un gigolo bien de sa personne.
Mais ne pourrait-on jouer, de MM. Pierre de
Bréville et Louis de Serres, des œuvres moins
menues ? J'allais omettre de parler du *Baiser*
que le premier de ces jeunes compositeurs fit
chanter en perfection par Mlle Eléonore Blanc,
et que le public chuta : j'avais envie de chuter
moi-même, car le prélude de cette mélodie tour-
mentée (d'une intense justesse d'expression
d'ailleurs) recèle des duretés inexplicables,
assurément voulues, qui me crispent. Voyons,
Bréville, laissez donc ces frottements agressifs
aux fœtus conservatoriaux qui, dans un local
rempli d'alcool-Debussy, flottent au hasard,
gonflés d'admiration pour leurs appogiatures
non résolues... Mais non, je suis tranquille,
vous avez trop de talent pour ne pas suivre la
voie tracée par les quatuors de d'Indy et Chausson vers la clarté, la spontanéité, la vie ; vous
ne verserez jamais dans le décadentisme — si
fripé déjà — de ces vieux petits symbolards...

Assistance pas très nombreuse, au Cirque,
mais choisie ; beaucoup de violonistes (Parent,
officier d'Instruction publique, le bayreuthien
Fridrich, etc.), venus pour Thomson ; beaucoup de pianistes (Diémer, de qui le dernier
concert a eu un succès fou, Cortot, Wurmser, etc.), venus pour Risler ; beaucoup de d'In-
dystes (Poujaud, les Bonnières, etc.), venus
pour la *Symphonie sur un chant monta-*

gnard ; le ministre Barthou, venu pour oublier la Chambre ; le libraire Delagrave, venu pour surveiller la distribution de ses programmes d'azur, etc.

Bien sûr, l'éditeur Hamelle (homme munificent et grand distributeur de partitions) se gausserait de l'Ouvreuse si elle s'avisait, elle deux-centième, de risquer encore une analyse de la *Symphonie* à Vincent ; tous, vous connaissez son thème initial, présenté par l'auteur tel qu'il l'entendit aux monts cévenols, avec sa liberté rythmique, son allure terrienne, et vous n'ignorez pas, je pense, le joli *mi* naturel dans le ton de *si bémol* de la seconde partie, non plus que l'effet de l'alto solo sous lequel bruissent des cordes grésillantes.

C'est surtout dans la troisième partie que Risler fait feu des dix doigts, cependant que, deux thèmes se superposant à l'orchestre, la cascade des motifs court, sautille et scintille avec une richesse d'invention prodigieuse. On acclame l'excellent pianiste, l'excellent Chevillard, l'œuvre excellente dont la franchise thématique, l'allure en dehors (c'est pas très pur comme style ce que j'écris là, mais André Messager me bouscule pour m'emmener chez Mme de Saint-Marceaux où on le festivale)...

Qu'est-ce que je disais ? Ah oui ! en somme, cette Symphonie, d'instrumentation étincelante, me paraît une œuvre « française » entre toutes, puisqu'elle renferme toutes les qualités qu'on a coutume de prêter à la race qui n'est pas celle de Dreyfus. Et, de plus, sa personnalité s'affirme avec un éclat qui crèverait les yeux mêmes d'un Torchet.

Miteux et calamiteux concerto de Goldmark, violoné avec un ennui savant par M. Thomson, un Belge qui ressemble tellement à Lothario qu'on a toujours peur de lui entendre chanter *Mignon*.

Chez d'Harcourt, devant un public où l'on se montre Mmes de Montesquieu, de Montebello, etc., le *Largo* de Hændel fait florès, comme il fit naguère, comme il fera toujours.

Au Châtelet, on regarde beaucoup une dame vêtue de satin cramoisi ; c'est « l'en rouge », insinue François de Nion ; pendant la *Rapsodie* de Liszt, elle glisse entre le siège mobile de son fauteuil et le dossier, et reste là, ruisselante de honte ; sur quoi Michel Corday murmure : « La confusion d'une au fond du siège... » Il fallait cet incident pour empêcher le public de regretter trop amèrement son empressement à venir ouïr Hans Richter ; payer 15 francs un fauteuil de balcon et entendre la *Symphonie pathétique* de Tschaikowsky, c'est vaseux ! Le capellmeister viennois la dirige admirablement, c'est vrai ; mais elle est médiocre et prolixe, c'est encore vrai. Votre femme est laide (c'est une supposition) : quand bien même vous lui colleriez cent

louis d'étoffe sur le torse, ça ne la rendrait pas
plus jolie.

Parmi la foule : Mme Augusta Holmès,
qui se maintient, et puis le directeur du Conservatoire, celui que Viviane, latiniste, appelle
Deodatus Ligneus.

5 avril 1898.

Au Concert-Colonne, il ne s'est rien passé de
bien particulier, si ce n'est que Mlle Lacombe,
brusquement indisposée, fut remplacée au gosier
levé par Mlle Planès avec qui Mlle Lise d'Ajac
interpréta congrûment des *membra* du *disjecti*
« Stabat » de Pergolèse, puis, seule, un *Repentir* commis par Gounod, orchestré par Paladilhe
et réclamé par l'oubli.

Succès convenable pour la convenable exécution de la beethovenienne Sonate en *ut dièze
mineur* par Harold Bauer. Pendant que les
chœurs s'installent, qui vont s'efforcer dans la
Cantate pour la fête de Pâques, je regarde la
salle et je constate que, malgré la concurrence
des églises, une foule nombreuse s'y empile,
gentilshommes rephosphatés par ces menus de
semaine sainte où le poisson domine, belles ma-
dames dont les frisettes pendillent, débouclées

par une température de four carématoire,
comme dit un croquemort de mes amis incurablement facétieux.

Cette *Cantate* de Bach, ça regorge de merveilles, tout bonnement. Sans doute, en la jouant
comme un pas redoublé pour chasseurs à pied
atteints de la danse de Saint-Guy, M. Colonne
pense l'améliorer ; j'ose ne pas être de son avis.

Un mot seulement sur le dernier concert russe
donné au Cirque-d'Été par Mme Gorlenko-Dolina, avec le même succès que les précédents.
On m'assure que M. Auer, qui le dirigea, est
célèbre dans toute la Russie pour son esprit
mordant et lumineux tout ensemble (genre de
l'auteur des *Corbeaux*), si bien qu'on l'a surnommé là-bas le Becque-Auer.

Au programme, beaucoup de Tschaikowsky,
le célèbre *Ah ! qui brûla d'amour...* bien entendu, puis une romance de la *Dame de pique*,
qui serait restée sur le carreau si elle n'avait
été chantée avec beaucoup de cœur, enfin une
mélodie en *fa dièze mineur*, si j'ai bonne mémoire, certainement pêchée aux sources populaires et dont la souple polyrythmie, l'allure
mélanco, la naïveté, ont séduit : « J'étais une
petite herbe des champs. »

9 avril 1898.

Vendredi saint, au Cirque, ça fourmillait d'Anglais ! On se serait cru aux Folies-Bergère. Ce peuple, duchesse de Marlborough en tête, a concédé à Van Dyck une méhultitude de bravos après l'air de *Joseph* (mais pourquoi ce ténor prononce-t-il « milieu » comme « miyeu ? » Ça n'est pas plus distingué) et après la berliozienne *Invocation à la nature*, où les fracas orchestraux se déchaînèrent congrûment. Puis vinrent une flopée de fragments wagnériens, tous chantés en allemand avec une persistance dont un chauvin du promenoir s'encoléra formidablement. Sa protestation tricolore souleva des tempêtes d'applaudissements (au fait, elle n'avait peut-être pas d'autre but), et tout se termina le mieux du monde.

Sur les trois pièces composites de Verdi, un peu chutées à l'Opéra-Conservatoire le jeudi saint, fort bien reçues le lendemain, je reviendrai quelque jour de loisir ; le renom du vieux maëstro exige qu'on s'occupe d'elles, sinon la valeur réelle de ces productions où la brutalité des cuivres semble plus brutale de contraster avec d'imprévus gounodages dont la fadeur ébaubit. Un quatuor *a capella* — Mmes Ackté et Grandjean, Héglon et Delna — a ravi l'élégante assistance. D'ailleurs, pour qu'un quatuor *a capella* ne ravît point une

élégante assistance, il faudrait qu'il fût diablement beau.

Au Châtelet, enthousiasme fou bouillonnant
autour du simple et si compréhensif et puissant
capellmeister Hans Richter ; je n'ai vu, dans ce
public enfiévré, qu'un seul auditeur n'applaudis-
sant pas des deux mains l'interprétation géniale
de la Neuvième, un seul ! C'était un manchot.
J'admets que Richter étale un éclectisme musical
hospitalier jusqu'à la démence, jusqu'à placer
sur le même plan Wagner et Tschaikowsky ;
qu'il mouvemente *alla* Weber l'ouverture du
Vaisseau-Fantôme, suffisamment pittoresque
pourtant ; qu'il précipite l'allure du Prélude de
Tristan, follement, et, après cette accélération
sauvage, qu'il en intensifie encore l'effroyable
sensualité que, dès lors, nulle amère aspiration
au trépas ne vient plus ennoblir ; qu'il ne réussisse pas aussi complètement qu'Hermann Lévi
le tour de force de rendre intéressante l'absurde
et interminable sélection de *Parsifal*, totalement
inintelligible sans l'intervention d'Amfortas, sans
la mimique et le décor indispensables, là plus
qu'en aucune autre œuvre ; oui, j'admets tout
cela ; mais convenez avec moi qu'il dirige divinement l'ouverture des *Maîtres-Chanteurs* où
il expose les motifs « littérairement », selon la
remarque très juste que je suis stupéfiée de lire
dans le *Ménestrel* (*tu quoque !*), adoucissant le
tendre passage en *mi* atténuant (lors de l'entre-

lacement des trois thèmes) la lourdeur des basses magistrales, déférentes envers le motif de Walther (car alors Hans Sachs suit le jeune vainqueur), donnant à la fanfare de la Bannière un élargissement inouï... On la voit flotter ! Quant à la Neuvième...

Quant à la Neuvième Symphonie, merveille honnie des pions, nul, jamais, ne la fit comprendre comme Hans Richter ; son entêtement splendide à maintenir, dans le premier mouvement, la noblesse d'allure voulue par Beethoven ; sa souplesse précise dans le *Scherzo* où, véritablement, il joue de l'orchestre ; sa persistance à amortir, dans l'*Andante*, la variation des violons pour laisser toute importance au thème des bois (il faut donc qu'un chef d'orchestre vienne de l'étranger pour nous faire entendre, dans une symphonie, ce qui doit être entendu !) ; son impressionnante rapidité donnée au récitatif des basses (ainsi faisait, assure Berlioz, Spohr sur l'avis même de Beethoven), autant de merveilles. On s'enrouait à crier bravo. Tout Paris était là. Ah ! que c'était beau, mes sœurs !

Hier, concert extraordinaire au Cirque d'Été, avec le concours de Van Dyck, pour la plus grande joie d'un public enthousiaste, mais mêlé : marquis de Ganay, Tiercy (auteur de *Badaboum* et de *Ah ! mes enfants !* qui ferait une savoureuse ganache d'opérette), comtesse de Bauchamp, Fanny Zæssinger qui hé ! hé ! s'emboulotte, le gentil Robert de Flers, le vilain Blowitz, Saint-Auban aux yeux clairs, et puis Mme de Benardaki, majestueuse, Marcel Proust, cravaté de rose attendri, Salvayre qui fait trois kilomètres avant de trouver son fauteuil, etc.

Belle exécution de la *Pastorale*, que personne n'écoute, et du Prélude de *Lohengrin* où les violons ont fichtrement de la peine à ne pas baisser ; on applaudit Van Dyck, qui prononce aussi bien que Sylvain, dans une traduction inédite, et pas fameuse, de deux Schumann archiconnus, *Ich grolle nicht* et les *Deux Grenadiers;* on l'acclame dans les « Schmiedelieder » de Siegfried, que paraphrase cette page de *Maîtresse d'esthètes*, (Simonis-Empis, éditeur).

« Une brutalité splendide éclate en ces « *Chants de la Forge* », chants presque cris, palpitants de juvénile robustesse et de fruste beauté. L'indompté qui ne connut jamais la peur, le jeune géant qui joue avec les ours et, pour bâton de voyage, déracine un chêne, voici que le désir obscur l'a saisi de se forger une arme à sa taille. L'épée divine que jadis brisa Wotan, il la réduit en limaille, puis il jette au creuset cette poussière de gloire, et verse l'acier en fusion dans le moule d'où sort bientôt la lame nouvelle ; il la martèle à coups puissants, il chante, et sa voix couvre le sifflement de l'eau que le fer rouge blesse, sa voix couvre la rauque respiration du soufflet gigantesque, sa voix sonne plus que l'enclume sonore ; triomphal, il brandit le glaive étincelant qui tuera le dragon et tranchera la lance même de Wotan, il crie sa joie et ses espoirs, et cependant que dans l'orchestre, avec les motifs de victoire, fulgure le thème de l'Épée, le forgeron héroïque, d'un coup terrible, fend en deux moitiés l'enclume, et rit... »

12 avril 1898.

Effroyable inondation de musique ! Déluge d'auditions ! Je crie d'angoisse devant cette marée... Et l'écho me répond : « Marré ! » (Ça ! c'est pour les seuls lecteurs calés en argot montmartrois.)

Allons-y ! Nommons d'abord Mme Dietz qui a joué à son concert le *Colloque sentimental*, musiqué par Gabriel Fabre sur le poème célèbre de Verlaine, édité par Tellier (couverture épatante de Lepère) et étudié par le subtil glossateur G. Robert. Annonçons le concert de Ricardo Vinès qui, ce soir, interprète César Franck, d'Indy, Ernest Chausson et autres récents. Jeudi soir, Raoul Pugno opère une rentrée triomphale (*Wurmser adjuvante*) au Nouveau-Théâtre où M. Colonne nous promet, en outre, la belle Héglon dans deux mélodies de Schubert, orches-

trées par Xavier Leroux-aux-moustaches-auto-
ritaires. Vendredi, après midi chic, chez Mme
Roger-Miclos. Le 25, Mlle Juliette Toutain nous
enivrera avec des sonates de Beethoven (op. 31)
et de Chopin (op. 35), sans préjudice d'œuvres de
Gabriel Pierné, Auguste Chapuis, et de Schmitt
florent, pardon, fleurant le modernisme. Après,
Mme Henri Jossic et le séduisant Thibaut donneront leurs séances de Sonates pour piano et
violon. Et après? Dame! après, je crois qu'il
faudra m'enterrer!

Samedi soir, la Nationale nous convoquait à
son 269° concert. C'est un beau chiffre. C'était
aussi un beau programme et un beau public.
MM. Parent, Lammers, Denayer et Baretti qua-
tuorisèrent avec succès l'élégant *Poème* de M. de
Wailly dont les alertes « Danses », surtout, et la
piquante « Marche nuptiale » recueillirent des applaudissements doux au cœur paternel de l'éditeur Baudoux.

Les mélodies de M. Louis de Serres furent
interprétées par une femme du monde (« la dame
à l'auteur », m'assure une collègue) qui chante
avec un trac qu'on ne voit pas et une intelligence
dont on s'aperçoit à merveille; les bravos sont
allés surtout à *Toc! Toc!* ballade à coup sûr
réussie en son pittoresque ingénieusement macabre, bien qu'à son romantisme je préfère les
raffinements d'une exquise pièce, le *Ciel en nuit
s'est déplié* (vers de Verhaeren), de compréhen-

sion peu aisée, mais pénétrante d'intensité, et peut-être égale au *Sub urbe*... Dame! c'est du régal de délicats, pas du rata pour mufles!

Je ne voudrais pas prendre congé de cette brave Société nationale, la seule où l'on se remue, où l'on donne du nouveau, où l'on cherche, où l'on trouve (rappelez-vous les admirables quatuors de d'Indy et de Chausson; rappelez-vous tant de mélodies dues à Pierre de Bréville, Gay, Georges Hüe, Hillemacher, etc.); je ne voudrais pas, donc, passer à d'autres exercices sans dire les transports avec lesquels fut acclamé M. Diémer (l'incomparable claveciniste de Rameau et Dandrieu), puis l'accueil très chaud fait au violoncelliste bordelais Hekking, épatant dans une sonate honorable de M. Sarreau, ainsi qu'à M. Berton de qui la voix a bravement sonné, interprète de deux Mélodies d'Henri Duparc (le *Testament* et le *Manoir de Rosemonde*) absolument belles. Et n'oublions pas non plus le *Scherzo* pianisté par MM. Diémer et Pierret, scherzo un peu fumiste, assez maboule, considérablement j'm'enfichiste et très habile, — du vrai Saint-Saëns.

Hier, au Conservatoire (prononcez Opéra), l'admirable violoniste Hugo Heermann a fait *Raff*...le de bravos avec la suite qui lui fut dédiée par le fécond musicien. Puis il a merveilleusement « chanté » cet Adagio en *mi* qui m'a paru un peu... ô mon Dieu! je ne savais pas que c'était

du Mozart!... Donc, disons que Hugo a merveil·
leusement exécuté cet Adagio merveilleux.

Mais ne disons pas que l'orchestre a été, d'un
bout à l'autre de la séance, merveilleux, lui
aussi : adroits dans le fignolage du *Rouet d'Omphale*, suffisamment alertes (oh! sans abus de
verve) dans le pittoresque ballet du *Prince Igor*
(des esclaves polvosques (?), dansant un chahut
national, le Khan-Khan, je pense), les instrumentistes de la Société des Concerts se sont
montrés mous et pâteux dans la quatrième symphonie de Schumann, qu'ils ont réussi à rendre
bassinante.

Et pourtant, comme l'a fait remarquer l'érudit
Tiersot, l'œuvre est puissante, expressive, et
conserve, en son large développement, une remarquable unité, grâce à l'emploi des mêmes
thèmes reparaissant dans les différentes parties
de la composition : le dessin initial de l'introduction lente revient comme motif secondaire
dans la romance où il s'enlace harmonieuse-
ment aux fragments de thème propre à ce morceau. (Oui, mon Julien).

L'élégante broderie du violon solo, au milieu
de cette même Romance, se retrouve dans le
Scherzo où, transformée dans son rythme et
dans sa tonalité, elle devient le thème du
trio. (Voui, not' Julien).

Enfin le dessin rapide du premier Allegro, déjà
pressenti à la fin de l'introduction, se mêle, dans

le finale, aux accords rudement rythmés qui ouvrent pompeusement ce morceau...

Bravo, Julien, émail bressan !

19 avril 1898.

Durant le dernier Concert-Colonne, on n'a pas cessé de fêter M. Pugno, qui nous revient d'outre-mer chargé de gloire et de numéraire — *Videte si est dollar sicut dollar meus,* dit l'Amérique — si riche que le voilà proprio, et, suivant l'à peu près scandaleux du dessinateur Léon Lebègue, ayant *pug*non, non, *poi*gnon, non, pignon, sur rue.

Désireux de prouver aux Parisiens qu'il ne s'était pas yankeelosé, l'ami Pugno, pour son retour, au lieu de nous fignoler quelque petite saleté à succès, nous a pleyelé du Bach, du beau Bach (Prélude et Fugue en *fa mineur*), de la musique comme je suis sûre que ne l'aiment pas les Américains, bien qu'elle soit exécutée selon toutes les règles... dollar. Le succès fut aussi gros que Blowitz, et plus sincère. Après l'étourdissant enlevage d'un fanfreluchage de Scarlatti, ça devint du délire, si bien que l'ovationné voulut partager son triomphe, trop lourd pour lui seul, avec le jeune Würmser, son co-applaudi sur le piano-double de Lyon. Enfin il tsigana nerveusement une Rapsodie gigonnaire de Liszt (dit-on la onzième, ou l'onzième ?) et le délire, alors, bouillonna jusqu'à la plus tumultueuse épilepsie.

MM. Schubert et Schumann, chargés de besogne, ayant prié leurs collègues Xavier Leroux et Théodore Dubois d'orchestrer, qui deux mélodies, qui trois pièces en forme de canon (pour pédalier), le résultat de cette collaboration fut des plus goûtés. Puis la belle Héglon-aux-hanches-onduleuses nous révéla un Saint-Saëns inédit, *Lever du soleil sur le Nil* (mise en musique habile et froide d'une prose quelconque), et un autre *Nil* encore, celui de Leroux. « Je ne chante que le Nil », telle pourrait être la devise de la sculpturale cantatrice qui ressemble de plus en plus à son portrait par Reutlinger. Le jeune Jacques Thibaud en violona l'accompagnement avec un charme exquis, et l'alliciante Dalila interpréta cette « orientale » avec une intensité si convaincue qu'elle dut la recommencer. Ça lui apprendra !

Jeudi prochain, toujours au Nouveau-Théâtre, M. Colonne « qui ne recule devant aucun sacrifice », (à l'instar de son coreligionnaire Abraham), nous exhibera, sous prétexte d'un concerto de Bach, quatre pianistes, oui, mesdames, quatre z'à la fois, quarante doigts pétrissant l'ivoire ! Raoul Pugno, Edouard Risler, Lucien Würmser et Alfred Cortot. Si Reyer vient, il aura un coup de sang !

D'ailleurs, elle sera plutôt chargée, cette journée de jeudi ! A quatre heures, le jeune Thibaud (déjà nommé) et Mme Henry Jossic exécuteront, salle Pleyel, une Sonate de Bach (en *ut mineur* si j'ai bonne mémoire), une autre de Schumann, et la fameuse « Sonate à Kreutzer » que Hugo Heermann et Mme Roger Miclos firent acclamer vendredi dernier. Et, auparavant, vers deux heures, il faudra, oh ! il faudra absolument que vous fassiez le voyage du Trocadéro pour assister au premier Concert-Franck que donnera l'organiste Albert Mahaut.

En effet, vous savez (ou du moins vous feignez de savoir) que l'auteur des *Béatitudes* a écrit plusieurs grandes œuvres pour orgue, dans lesquelles le génie de ce « Bach qui aurait lu *Parsifal* », s'est manifesté avec toute sa puissance. C'est elles, c'est ce tas magnifique de productions presque inconnues que M. Mahaut, un aveugle pétri de talent, organiste à Saint-Vincent-de-Paul, a entrepris de populariser. Allez-y gens de bien ! C'est du vrai Franck que vous entendrez, et non sa monnaie, non le sou du Franck...

Etranglée par le manque de place, comme toujours, je ne puis que mentionner hâtivement le succès énorme qu'a remporté Risler, salle Pleyel (on ne joue pas avec plus de panache le

Weber); celui, aussi, que remportera sûrement
la charmante Marthe Dron, même salle, mercredi prochain. (Je vous recommande sa nerveuse
interprétation des études de Chopin.) Et j'ajoute
que, ce soir lundi, Mlle Juliette Toutain exécute
Florent Schmitt, Schumann, Liszt, Beethoven.
(Le plus vivant de ces quatre compositeurs me
pardonnera de dire que je ne le cite pas par
ordre de mérite.)

On a fort acclamé, hier, au Conservatoire, le
parfait violoniste Hugo Heermann ; cette *Suite*
de Raff, il la joue si bien qu'il la rend presque
intéressante ; et pourtant ! Le programme du
concert étant le même que dimanche dernier, je
ne m'étends pas dessus (d'autant plus que je suis
un peu forte).

Ah ! musique ! musique ! « Amie suprême »
comme t'appelle Victor Debay en son curieux
roman, ou « Ennemie », s'il faut en croire Tolstoï vieillissant, tu en tiens une place !

26 avril 1898.

Affluence bath au dernier Colonne, où la maison Pleyel faisait feu de ses quatre pianistes,
« Pugno, Risler, Cortot, Wurmser », comme
chante le poète. Il y avait là des clubmen, des

musiciens, des clubmen faisant jouer de la musique (ça, c'est dangereux), et des musiciens jouant aux clubmen (ça, c'est encore plus terrible). Il y avait des jolies femmes, et aussi la marquise de Noix, comme l'a pseudonymée la *Vie Parisienne*, en un vengeur article au vitriol, de qui je pourrais facilement démasquer l'auteur, si j'étais indiscrète peu ou brou.

Bien entendu, Pugno fut acclamé, comme Risler, de même que Wurmser, à l'instar de Cortot. Vous dirai-je l'élégant fumisme de certain *Scherzo*, commis par Saint-Saëns, et l'excellente sonorité du piano-double (*Lyon invenit*) sur lequel ces coquetteries pince-sans-rire résonnèrent ? Vous dirai-je les quatre pleyels charriés, devant une foule admirative, à l'occasion du Concerto de Bach. Ou les afféteries, démodées, — déjà — de certaine *Valse romantique*, léguée par Chabrier? Mieux vaut vous apprendre l'effet énorme produit par Mlle Marcella Pregi dans l'admirable *Kreis* schumannien *Les amours du poète;* cette jeune fille qui, jadis, m'avait quelquefois rasée dans la *Damnation de Faust*, a chanté l'autre soir en artiste, en grande artiste, émouvante parce qu'émue... Je suis presque vieille, et tout à fait blasée, mes enfants, et je vous fou...rnis mon billet que je connais depuis quelque temps déjà *Ich grolle nicht* (« J'ai pardonné », suivant la version française si cocasse); n'empêche que

Mlle Pregi m'a fait circuler dans le dos la chenille de l'admiration par sa manière de l'interpréter; cette voix déchirante, qui semblait suffoquer d'angoisse, cette douleur palpitante dans les notes finales de l'héroïque mensonge, *Ich grolle nicht*, frissonnant démenti de la musique aux paroles. Quelle beauté !

Et Risler accompagnait; vous pouvez vous figurer avec quel charme pénétrant et quelle intensité discrète !... A propos, allez donc l'entendre ce soir lundi; vous ne regretterez pas votre voyage rue Rochechouart, c'est moi qui vous le dis !

On a fort goûté, mercredi, Mlle Marthe Dron (nature de pianiste essentiellement compréhensive et distinguée), ainsi que la première séance de Mme Henry Jossic et Jacques Thibaud qui en donneront, le 5 mai, une seconde; et Mlle Toutain, elle aussi, s'est fait applaudir par une salle chaleureuse (25 degrés au moins), mise en délire par l'infernalement difficile *Islamey* de Balakirew et par une « gigue » de Wormser, dont le succès fut gigue-antesque.

Au Trocadéro, public foisonnant pour applaudir M. Mahaut, qui a eu l'idée (elle ne serait pas venue à un mufle) de faire connaître l'œuvre d'orgue de César Franck... Quand nous fera-t-on entendre le *Cantabile en fa dièze*, et ces trois chorals, testament du maître ?... M. Mahaut, artiste de grand talent et de grande mo-

destie (ça va quelquefois ensemble, pas souvent),
est aveugle ; il ne me paraît pas avoir été toujours bien secondé par les gaillards chargés de
lui tirer les jeux, des gaillards d'une brusquerie !
Et puis, on n'a pas suffisamment visité l'orgue,
de sorte que des cornements sauvages se sont
produits, au cours de l'andante de la grande
pièce symphonique, ou des *ré* facétieusement
naturels ont batifolé pendant des accords de *si*
majeur. N'importe ! ç'a été une belle séance, et
les chanteurs de Saint-Gervais l'ont embellie
encore (perdus, cependant, dans cette immense
salle exécrable), en exécutant plusieurs Offer-
toires dont le moins bien venu est un chef-
d'œuvre au prix de ce qu'on ose montrer dans la
plupart des églises.

A la Nationale, le petit Festival-Fauré n'a pas
manqué d'attirer des gens, des gens chics qui
ont prodigué leurs applaudissements à Risler
(dans *Thème et Variations*, dans un *nocturne*,
dans une *valse*, dans une *barcarolle*, dans tout
ce qu'il a pleyelé), applaudissements bien naturels puisque Risler est à la mode ; il aurait pu
jouer comme un pied sans recueillir un bravo
de moins : à sa place, disait Bagès (qui a divinement chanté), à sa place, j'essaierais pour
voir.

Il fallut bisser le noble *Chant funèbre* d'Ernest Chausson ; Mlle Roger et ses chœurs firent
merveille en cette émouvante déploration dont

la douleur ne se répand jamais en agitations vulgaires, mais, contenue et d'autant plus intense, point ; chaque partie, d'écriture horizontale, concourt à l'effet par sa ligne mélodique particulière plus que par la superposition verticale des notes, le contrepoint jouant un rôle plus important que l'harmonie. Même succès, même *bis* pour ces fragments de *Sakountala* où Pierre de Bréville (n'est-ce pas, Hérold ?) a mis tant de délicatesse attendrie. Ah ! le charmant compositeur ! Faudra que je demande s'il est encore à marier.

3 mai 1898.

Vu l'abondance des matières... électorales (pouah !) je me fais petite, toute petite...

Et j'en profite pour mentionner seulement, sans détails, que la *Damnation de Faust* (encore !), dirigée par l'astucieux Colonne (bien entendu), obtint jeudi dernier un tel succès (toujours !) que jeudi prochain le même Colonne (bien entendu) la veut redonner, (encore !) pour rafler le succès (toujours).

Quelques lettres reçues cette semaine. Du mage Erik Satie, d'abord, qui, lui, du moins, signe ses missives (à tout « signeur » tout honneur) ; ce mystique loufoque vient à résipiscence

— pourquoi, bon Dieu! — et, après m'avoir traité jadis en ses Mandements maboules de « fils adultérin de l'enfer, fait de la salive du diable », voici que cet excommunicateur à la mie palinodise : « Vous êtes un galant homme, d'un esprit avéré, d'une haute compétence, Je le confesse, Moi-même en personne, et pour ce veux-Je de suite, sans détour, être votre servant le plus humble, le plus recueilli (pi... ouit! paupé! vous entendez, les autres?), à condition que vous ne voyiez point empêchement à ce faire, Messire! » C'est bon, repose-toi, marbré, t'auras une thune!

Voici maintenant un poulet, poulet anonyme (tu parles!) où je suis tumultueusement chinée. « Vous avez eu l'audace de louer Parent et de prétendre que César Thomson avait violoné le Concerto de Goldmark *avec un ennui savant;* vous êtes une misérable. » V'lan! C'est tout ce que tu prends pour ton rhume? Tout de même, comme je ne suis pas dure (au moral), je veux bien rectifier et reconnaître que l'ennui du violoniste belge n'était pas si savant que je l'avais avancé.

Quant à Parent, il vient de se couvrir de gloire en exécutant samedi soir, avec ses habituels complices Lammers, Denayer et Baretti, deux quatuors admirables, celui de Vincent d'Indy (*mi* majeur) et celui d'Ernest Chausson (la *majeur*) où Auguste Pierret interpréta la partie de piano avec infiniment de vigueur et d'éclat. Parmi les auditeurs, la plupart avaient assisté à la répétition générale de *Fervaal*; ça leur a fait sept heures de musique dans leur après-midi. C'est la moyenne.

Ah! cette répétition de *Fervaal!* Ce qui s'y est débité d'inepties! M. Lenepveu, d'habitude douceâtre, ruait de rage : et vingt pianistes déclaraient : « La musique de Vincent d'Indy n'est pas de la vraie musique ». Cependant le public applaudissait frénétiquement, laissant les pianistes incompéter et le Conservatoire braire.

*
* *

On ne pouvait voir Ernst sans l'aimer. Cet homme, qui fut un des plus richement doués de sa génération, était la simplicité même. Trop fièrement modeste pour parler de lui, il permettait à peine de deviner par quelles transformations successives, par quels constants efforts vers un idéal toujours plus haut et plus pur, par quelle noble culture de sa conscience, il avait conquis sur nous tous tant d'autorité. Ernst avait débuté par la science. Mais ce passionné d'art ne fut pas long à trouver sa voie. Il naquit à la vie intellectuelle à l'heure même où nous vîmes s'éteindre, dans l'éblouissement d'un coucher de soleil, le génie le plus grandiose et le plus captivant qu'ait connu notre âge. Fanatique de musique et de poésie, Alfred Ernst fut conquis tout entier par

6.

le double idéal de Richard Wagner. Son esprit si fécond, si original, si personnel, eût pu voler, et très haut, de ses propres ailes. Il lui plut de se consacrer à l'œuvre d'un maître et de nous donner ainsi le plus rare exemple de dévotion et d'humilité.

« Ernst se voua, si l'on peut ainsi parler. Pendant des années, il s'enferma, avec la patience d'un cénobite et l'ardeur d'un apôtre, dans les splendeurs de ce palais enchanté. Au sortir de cette retraite volontaire, il nous donnait le plus savant, le plus profond et le plus éloquent des commentaires, non le commentaire d'un scoliaste, mais celui d'un interprète, dans le sens le plus large et le plus élevé du mot. Sa critique vivifia ce qui est la vie même. Son imagination magnifia des types éternels. Il ne se borna point à connaître l'œuvre incomparable dont il était possédé, il la recréa à force d'amour... Il a cessé de battre, ce cœur ardent, « *cor cordium* »...

Ces quelques mots de l'émouvant discours prononcé au cimetière par M. Roujon disent bien quel était notre ami, et résument fidèlement son existence toute de labeur et de noble dévouement à l'éternelle Beauté.

Au sortir de l'Ecole polytechnique, Ernst fut attaché aux observatoires de Nice et de Paris ; mais dès ce moment l'esthétique musicale l'attirait, et ses amis, conscients de ses rares facultés littéraires, l'incitèrent à s'y adonner ;

aussi, à l'âge de vingt-quatre ans à peine (1884), publia-t-il un volume déjà excellent, nourri de faits et d'idées, consacré à *l'Œuvre dramatique de Berlioz*, puis, un peu plus tard, un autre ouvrage, *Richard Wagner et le drame contemporain* (1887), premier et vibrant acte de foi inspiré par la religion musicale qu'il ne cessa de pratiquer. En cette même année 1887, il fut nommé bibliothécaire-trésorier de la Bibliothèque nationale Sainte-Geneviève. A cette époque, il ne s'était pas encore exclusivement consacré au culte du maître de Bayreuth. Sa nature ardente, son enthousiasme toujours agissant l'entraînait vers toutes les routes de l'art. Il faisait paraître à la *Nouvelle Revue* successivement une critique du Salon de peinture, toute pleine de généreuses audaces, et une pénétrante étude sur Verlaine, où il s'attachait à mettre en lumière le caractère exquisement tendre du poète alors si mal connu. Il collaborait aussi avec moi aux *Lettres de l'Ouvreuse*, et lui-même, le 1ᵉʳ décembre 1889, s'y portraiturait gaiement ainsi : « Ernst — à vos souhaits ! — est un des bons » toqués du groupe. Ce qu'il a enfoncé de portes » ouvertes et pourfendu de moulins est incalcu- » lable ! Signe particulier : féru de Mozart et fa- » natique de Wagner. Il gesticule, il contredit, il » rétorque, et ses joues de baby non sevré s'em- » pourprent. » Ce m'est une double tristesse d'évoquer aujourd'hui ce passé lointain, ces heures de travail si pleines d'enjouement!...

Mais Wagner l'attirait irrésistiblement. Dès lors, Ernst « se voua » à lui, selon l'expression saisissante de M. Roujon. Non seulement il le commenta, l'expliqua « d'une manière profondément originale et délicieusement française », mais il s'adonna à la traduction de ses œuvres, sans relâche.

Ceux qui ont tenté semblable travail, fût-ce sur un simple *lied*, peuvent seuls apprécier les immenses difficultés que dut vaincre Alfred Ernst. Avec Wagner il ne s'agit pas uniquement d'une translation des vocables d'une langue dans une autre : chaque mot important doit conserver la place que le compositeur lui a assignée, chaque syllabe caractéristique, chaque accent doit être respecté, et les valeurs musicales doivent en outre demeurer telles qu'elles sont marquées dans l'œuvre primitive. Ce n'est pas tout encore : le traducteur doit posséder assez complètement le génie de la langue allemande et de la langue française pour les unir en conservant à l'une et à l'autre sa physionomie caractéristique.

Ernst possédait toutes ces précieuses qualités, « elles faisaient de lui le traducteur par excellence, celui désigné par la Providence », m'écrit M. Chamberlain, le plus qualifié des wagnériens étrangers, dans une lettre douloureusement attendrie : « Cette mort, dit-il encore, me rend

» inconsolable ; j'ai toujours considéré Alfred
» Ernst comme un wagnérien absolument *uni-
» que*. Je ne pense pas que personne — ni en
» France, ni hors de France (ni surtout en Alle-
» magne) — ait réuni au même degré que lui la
» double connaissance de la valeur littéraire et
» musicale des œuvres du grand maître, tant
» admiré et si peu connu. La connaissance appro-
» fondie de la langue allemande, jointe à cet
» esprit de clarté que donne l'éducation fran-
» çaise — avec cela une science musicale tout à
» fait remarquable : vraiment, c'était un homme
» unique ! Ses traductions sont de vrais chefs-
» d'œuvre ; les niais qui décrètent *petit nègre*
» ne soupçonnent même pas quelle est la portée
» de ces travaux ; n'ayant aucune idée de ce que
» c'est qu'un drame de Wagner, des lois orga-
» niques qui y règlent les rapports entre la pa-
» role et la musique, ils sont incapables de de-
» viner quelle fut l'intention d'Ernst et d'admirer
» jusqu'à quel point il a réussi dans une tâche
» qui semble impossible, et qui, en effet, l'eût
» été pour tout autre que lui. Et son *Art de
» Richard Wagner !* mais cela vaut mieux que
» toute une bibliothèque de critique inintelli-
» gente et de wagnéromanie. »

Que pourrais-je ajouter après un tel éloge, si
précieux à recueillir de la bouche du seul homme
dont la compréhension wagnérienne pouvait ri-
valiser avec celle d'Alfred Ernst ?

C'est avec *Les Maîtres-Chanteurs* qu'on peut juger de l'excellence du travail accompli. A Lyon d'abord, à Paris ensuite, grâce à Ernst, l'œuvre triompha. Et ce n'est pas seulement comme traducteur qu'il rendit possible cette représentation et contribua à son succès : apportant avec lui le véritable esprit wagnérien, possédant toutes les traditions, il assista aux répétitions, expliquant à chaque artiste le caractère de son personnage. Par son dévouement de tous les instants, par son incroyable énergie déguisée sous une courtoisie toujours souriante, il sut vaincre les résistances, annihiler les mauvaises volontés, et parvint à communiquer à tous un peu de l'enthousiasme ardent qu'il portait en lui.

Mais en s'occupant de l'apparition au théâtre des drames du maître, il ne négligeait pas ses travaux d'exégèse et d'analyse critique. Après avoir publié en 1893 cet *Art de Richard Wagner* (l'œuvre poétique) si justement admiré par M. Chamberlain, il préparait un second volume consacré plus spécialement à l'œuvre musicale, et qui, malheureusement, reste inachevé.

... Dans le dernier des innombrables articles qu'il écrivit, il raconte qu'un jour, à l'issue d'une répétition chez M. Colonne, il interrogea le célèbre capellmeister Hans Richter sur l'interprétation à donner au passage de la *Symphonie avec chœurs*, où, deux fois, les trompettes interrompent le cours paisible de l'adagio. « Je n'oublierai de longtemps, dit Ernst, la satisfaction qui se peignit sur la cordiale figure de Richter, content d'échapper une minute aux banalités et aux formules, et de parler des seules choses qui l'intéressent. Il confirma ce que j'avais cru deviner, précisant en termes imagés la haute signification de ce double appel de la trompette, appel à l'action, avertissement de luttes inévitables et prochaines que l'homme ne doit pas oublier, fût-ce dans la mélancolie, l'intime effusion du souvenir ou du rêve. Il faut que l'homme livre le combat moral de l'existence, qu'il mérite par ce combat la douceur de la paix et l'ivresse de la joie. »

Ces dernières lignes ne semblent-elles point, par un certain côté, empreintes d'une ironie fatidique ? L'action, la lutte, le combat moral de l'existence, qui donc mieux que le vaillant travailleur les a connus et pratiqués ? Et qui mieux que lui avait mérité cette douceur de la paix et cette ivresse de la joie, que la mort ne lui a pas laissé le temps de goûter !

Mais cependant, c'est toujours à Wagner que revenait sa pensée. Lizst, à son lit de mort, prononça le nom de Tristan. Ernst, frappé par une subite maladie contractée au chevet de ses enfants qu'il soignait, à ses derniers moments répéta dans le délire de sa nuit d'agonie : « *Ich bin todt.....* » ; mais ces mots, s'il les disait avec tristesse, songeant à tout ce qu'il laissait derrière lui, il les disait sans effroi : l'insondable où il allait entrer ne le terrifiait pas, il l'envisageait avec confiance. Car Ernst était un croyant et pratiquait simplement, sans ostentation, avec la tranquillité qu'il puisait dans une conviction solide. « La foi, vertu maîtresse de ce grand esprit », cette foi qu'il avait en l'art était aussi une foi religieuse. Heureux ceux dont l'âme possède cette inébranlable croyance ! Pour ceux qui l'ont aimé,

C'est un portique ouvert sur des cieux inconnus.

*
* *

J'espérais un succès pour *Fervaal*. C'est un triomphe. Rappels après chaque acte. Gants de jolies applaudisseuses déchirés. Impuissantes protestations de jalousie sifflotant dans les couloirs. Toute la lyre. (La pièce, je l'ai racontée dans *Accords perdus*, pages 129 et sqq. Pas de danger que je recommence.)

Dès le prologue, il est facile de prévoir que tout marchera à souhait : l'entrée de la délicieuse Mme Raunay ravit les plus malveillants ; les critiques consciencieux piochent une brochure publiée par les éditeurs Durand et fils et y trouvent des explications lumineuses, comme celle-ci : « Fervaal blessé est étendu sur une civière et le cortège s'ébranle, accompagné par l'union des thèmes II et IV que remplace bientôt le motif I dans le rythme à cinq temps apparu déjà page 18 de la partition. » Ah ! qu'en termes galants...

Pendant que Fervaal somnole en *la dièze majeur* (ton pas déjà si commode pour les pianistes débutants), Guilhen vient l'aguicher ; ah ! mes enfants, qu'elle est belle, moulée dans ses souples étoffes, suggestives des pires Liberty... nages, chaussée de mules rouges, qu'on voudrait embrasser babouche que veux-tu, ses bruns cheveux avivés de fleurs rouges, si bien que le cocquebin guerrier voit rouge, lui aussi, se précipite et viole, mais là, complètement, son serment de chasteté.

D'ailleurs, il est bien mis, lui aussi (moins joli toutefois que sa partenaire), les bras nus, les jambes boudinées dans des braies, et des bracelets, et des anneaux ! Je comprends que ce ténor soit surnommé Imbart de l'atour.

Vifs applaudissements après la grande scène où Guilhen, rancunière, incite les Sarrasins à envahir la patrie du lâcheur Fervaal : « Vous n'avez rien, dévastez ce pays ! » Tout à fait le genre des proclamations de Bonaparte à l'armée d'Italie. Rien de nouveau sous « le char de Belen », pour parler comme Arfagard.

Les personnes que la musique embête (elles sont très nombreuses à l'Opéra-Comique) trouvent à se distraire pendant l'acte des apparitions, où la direction, qui ne recule devant aucun sa-

crifice — même druidique — leur donne à contempler des montagnes mystiques, une forêt enchantée, un serpent magique, une déesse extra-
lucide et douée d'une voix superbe (Mme Dumont), diverses autres attractions encore, cependant que des gammes par tons entiers gémissent,
lugubrement.

Puis les chefs celtes envahissent la scène (ras-
semblés par la voix d'un berger qui a détonné
avec persistance); ils sont farouches, coiffés de
casques chevelus et biscornus, moustachus
comme des Luminais, truculents à ravir. Les
druides bénissent l'eau, le vin, le feu, une
chèvre qui passe dans le voisinage et Fervaal
élu « Brenn », pour em-Brenner ses ennemis ;
c'est le Cambronne de l'époque.

Dernier acte : magnifique panorama de montagnes neigeuses; comme la musique est distinguée, la Nature s'est mise en cravanne
blanche. Les bugles, trompettes et saxhorns
crachent de sombres harmonies. Le public halète
d'émotion. Arfagard chante beyloment et se fait
juguler. Francisque Sarcey dort. Léon Kerst
exulte. Mme Raunay module avec une grâce poignante sa dernière prière d'amour. Fervaal
gravit la montagne. Une grosse dame, en-
traînée par la force de l'habitude, murmure :
« Un monsieur monte ! »

Et puis, c'est un entassement de merveilles !
Le thème solennellement liturgique du *Pange*

lingua domine de ses sonorités grandissantes les derniers échos des superstitions abolies, le quatuor et les harpes font ruisseler sur les voix, soutenues par les saxhorns, leurs gammes étincelantes ; et, dans les intervalles des chœurs, Fervaal clame, sans paroles, d'héroïques vocalises qui s'élèvent, elles aussi, plus haut, toujours plus haut...

Certes, M. d'Indy pourrait, s'il n'était incurablement modeste, prendre pour devise : *Veni Vidi, Vincent.*

12 mai 1898.

Le subtil Colonne, que travaillent deux manies (d'inégale valeur) : introduire du tambour dans *Parsifal* et jouer la *Damnation de Faust,* a cédé à la dernière, une fois de plus, devant un public dont l'estomac inlassable brave l'abus du pâté d'anguilles ; si bien que (à nous les souvenirs de Paulus !), gais et contents, auditeurs bons enfants, nous marchons triomphants vers la centiè-è-ème. Et les admirateurs se réjouissent qui vont fêter bientôt le centenaire de la romantique illustration de Gœthe si pittoresquement réussie par Berlioz ; et déjà l'habile chef d'orchestre rêve d'un avancement — si passionnément souhaité ! — dans la Légion d'honneur ; et déjà le berliozien Prod'homme prépare drapeaux et lampions.

Au tour de Wagner, à présent : sachez que le « Petit Théâtre » de la bonne, charmante et talentueuse Judith Gautier va, très prochainement, donner (rue Charras, 4) des représentations de *Parsifal*, — rien que ça, mes enfants, — traduction nouvelle des premier et troisième actes, joués sans coupure ; notre ami Bagès chantera, et M. Girette aussi, et je crois bien que la réduction pour deux pleyels de Benedictus sera exécutée par lui et par Cortot. Même, si l'on ne m'avait recommandé une discrétion hermétique, j'ajouterais que le concours de Mmes P. Hillemacher, Simone d'Arnaud, etc... Mais je sais me taire !

La Société des « Instruments anciens » va nous offrir ses deux séances annuelles ; on s'y écrasera, pour ouïr les chefs-d'œuvre vieux, mais point vieillis, de Couperin, Dandrieu et de cette vieille branche de Rameau interprétés par Diémer, claveciniste sans pair, par Laurent Grillet, vielleux ravissant, enfin par Delsart et Van Waefelghem qui vont se distinguer sur deux instruments appelés « viole de jambe » et « viole d'amour ». D'après leurs noms, ils doivent se ressembler beaucoup, ces instruments-là !

Mentionnons au galop la belle séance où nous convièrent Edouard Risler et Gustave Fridrich, deux « bayreuthiens » de marque, les seuls

Français qui jouèrent un rôle, le premier comme répétiteur, l'autre comme violon, au dernier cycle de Wagneropolis.

J'aurais bien voulu signaler quelques gro·tesques critiques déposées le long de *Fervaal*, mais la place me manque ; nous retrouverons autre part les auteurs, parmi lesquels culmine le joyeux Pessard, ah ! si joyeux ! « Bonjour, Pessard (*bis*), ma fleur des bois... »

De Mlle Ella Pancera, que l'on me prie de louer, je ne puis rien dire de mieux que ce que contient sa Biographie, envoyée aux critiques ; j'y apprends que « non seulement par son talent phénoménal (*sic*), mais aussi par de longues études, elle est devenue grande artiste ». Comme, d'autre part, cette modeste pianiste viennoise est quasiment notre compatriote, vu que « sa grand'mère *dérivait* de Marseille », je puis bien ajouter que rien ne manque à sa gloire.

17 mai 1898.

Il serait doux, instructif aussi, de faire la critique des critiques de *Fervaal !* Rien qu'à citer quelques opinions (prononcez « âneries »), on composerait une régalante chronique... Machin reproche à Vincent d'Indy d'avoir tout pris à

Wagner, tout, on vous dit, « jusqu'aux tonalités » ; Chose, du haut de sa nullité, pontifie devant les lecteurs du *Petit National*, et les entretient d'un « Prélude en *ré* »... qui est en *si* (pas de chance !) ; mais les défenseurs de l'œuvre tiennent bon, Dieu merci, le documenté Adolphe Jullien, le lyrique Mendès, le pénétrant Lalo, dix autres, et Henry Baüer qui voulut deux articles pour dire le los du drame nouveau.

Mais nul ne vaut Sarcey ! Assurément l'ennemi personnel des *Maîtres Chanteurs*, Bellaigue, a son prix qui, grimpant aux colonnes du *Temps*, avec cette agilité sans décence dont la *Revue des Deux Mondes* s'inquiète, blague, après l'Ouvreuse et d'après l'Ouvreuse, certaine analyse thématique de *Fervaal*, analogue aux « Leitfaden » wagnériens de Wolzogen, ou aux guides de Malherbe à travers *Henri VIII* et *Ascanio*, semblable enfin au petit travail que Gounod lui-même crut devoir consacrer à sa *Rédemption*, car, de tout temps, il a fallu disséquer cet « ensemble de moyens » (Fénelon) qui constitue l'Art, et en montrer les composantes aux musicographes rigolos mais incompétents.

Et Rastignac, lui non plus, ne manque pas de saveur, Rastignac-Claretie cher à l'*Illustration*, Rastignac qui, glissant au gâtisme misonéiste, sans doute pour avoir abusivement fréquenté Mme de Sucingen, pleure crins-crins et refrains, fredons et musettes, et sertit sa douleur en apo-

phtegmes de locomotion : « La *Dame blanche*
c'est la diligence, *Fervaal* c'est l'automobile ».
Patache, teuf-teuf, ababoum !

Mais ni Gaston Lemaire, ni Camille Bellaigue,
ni Rastignac, ni personne n'est digne de déla-
cer les ripatons à Sarcey. C'est lui le preu, que
dis-je ? c'est lui le seul, et tous les autres, auprès
de lui, peuh !... vent et mousse, roupie de san-
sonnet, peau de balle et balai de crin !

Donc, l'Oncle confesse qu'il n'entend rien à la
musique, et, cet aveu lâché, emploie un copieux
article du *Matin* à tarabuster *Fervaal*... et
l'Ouvreuse. Mon Dieu ! oui, non seulement je me
suis permis de blaguer « les vieilles partitions
qui attirent encore la foule », mais mon influence
sur le public est telle que s'il ne se révolte pas
contre les musiques nouvelles, c'est uniquement
« par peur de mécontenter l'Ouvreuse ». (Si,
après ces révélations, l'*Echo de Paris* ne me
paye pas mille francs l'article, c'est qu'il n'y a
plus de justice.) Et l'Ineffable, ajoutant que
l'Opéra-Comique a dû reprendre le *Roi l'a dit*
« pour faire des recettes », gémit : « Dire qu'on
ne nous donne plus le *Pré aux Clercs !* »

Vaseux, le procédé, qui consiste à juger le mérite d'une œuvre aux pépettes qu'elle rapporte
(car, en ce cas, le *Coucher d'Yvette* est une
belle production, et le *Bain de Nini* un chef-
d'œuvre, et le *Bidet à Tata* une frissonnante
manifestation du génie) ; mais, pour être com-

pris de l'Oncle, j'admets son critérium galet-
toïdal, et je l'informe que son cher *Pré aux
Clercs* a « fait », le 4 avril dernier, un peu
moins de deux mille huit cents francs ; quelques
jours après, le *Roi l'a dit* (que, d'ailleurs, je
suis loin de détester) réalisait une recette de
quatre-vingts louis, en gros et en détail... Où
sont les spectateurs affamés de vieux jeu ? Où
la tourbe qui se rue (ou ruent) ?

Comme argument suprême, le critique musical improvisé empoigne Saint-Saëns par les pieds
et cogne sur d'Indy. Pourquoi l'auteur de *Fervaal* ne veut-il pas écrire « une orchestration
très riche et mélodieuse en même temps » ? Oui,
pourquoi ? Et Sarcey s'écrie : « *Samson et
Dalila*, je le comprends d'un bout à l'autre »...
Vrai ? Alors, Oncle chéri, pourquoi donc m'avez-
vous dit à moi, votre voisine d'opéra, pourquoi
m'avez-vous confié, un beau soir, pendant les
strophes, si expressives, de Samson, aveugle,
tournant la meule : « C'est crevant ! » D'ailleurs,
rassurez-vous, je ne le répéterai pas.

24 mai 1898.

Les chefs d'orchestre ne se décident pas à déte-
ler. Seul, l'excellent Chevillard a remisé son

bâton et remplace les luttes athlétiques par un délicieux *fiche-niente* (lard pour l'Art) ; les autres s'obstinent : le Patron fait blanchir son auréole à Londres avec un succès fou, car des capellmeister comme Lamoureux, ils n'en ont pas en Angleterre ! Et puis, quand il se sera suffisamment amusé du côté du *channel*, il repassera l'eau, reprendra sa place sur l'estrade du Cirque d'Été, et repiquera, j'en suis certaine, je l'affirme... On peut me démentir officiellement, je maintiens mon dire ; plutôt que d'y renoncer, je consens à voir le Balzac de Rodin logé au Luxembourg et Dreyfus logé au ministère de la guerre.

Quant à M. Colonne, onctueux, mais infatigable, il affiche chaque semaine une audition « irrévocablement la dernière » de la *Damnation de Faust*, afin de décrocher plus tôt cette fatidique centième... De plus, il donne avec Risler, Sarasate et autres étoiles, des séances que je me plais à croire lucratives, mais dont je ne saurais parler, vu qu'on y invite les seuls journalistes décidés à trouver que, ces soirs-là, tout va pour le mieux dans le meilleur des orchestres.

Et M. d'Harcourt, lui aussi, renaît de ses cendres, pour initier le quartier du Trocadéro aux beautés du *Largo* de Hændel (dont le quartier Rochechouart commençait à se saturer), dans un grandissime concert où l'on entendra, outre M. Guilmant, joueur d'orgue de son état, un ensemble conséquent — tu parles ! — de vingt harpes, système Gustave Lyon, vingt ! J'espère qu'on ne fera pas jouer à chacune un morceau différent ..

Jusqu'à notre vieux Cirque d'Été où l'on musiquera, après-demain ! Mon Dieu ! oui, mercredi, le révolutionnaire Alfred Josset (dont je vous exposerais, si j'osset, les subversives théories) y exhibera quelques élèves de Saint-Jean-de-Dieu formés par ses soins, entre autres Clément Coling, le premier transpositeur de France et de Navarre.

Ah ! j'oubliais ! Un « groupe important » m'écrit pour me demander quel heureux libraire édite *Accords perdus* (c'est Simonis-Empis), et aussi pour me reprocher d'avoir trop peu parlé du mirobolant concert patronné par Mme la comtesse de Wolkenstein, qui fit tomber dans la caisse de la Société de bienfaisance austro-hongroise quarante jolis billets de mille. Groupe important, je vas vous répondre. Nier l'intérêt de ce concert, je n'y songe pas une minute, puisque Risler y pleyela en perfection le concerto en *sol* de Beethoven, puisque Mottl, venu tout exprès de Carlsruhe, — *mit Frau*, — y dirigea l'orchestre, puisque... Mais soyons franche ! on n'avait pas suffisamment répété, et les plus obtus s'en aperçurent. Ça n'est pas facile du tout, le prologue du *Crépuscule des Dieux*, page colossale délicatement soupirée par Mme Mottl

(Titania interprète du Titan) ; c'est même très difficile ; et l'admirable *Rheinfahrt* itou. Certes, M. Mottl conduisit admirablement les instrumentistes de Colonne ; mais, enfin, c'est les instrumentistes de Colonne qu'il conduisit. Aussi son incomparable souplesse, sa prestigieuse variété de mouvements, ne purent empêcher les cordes de bafouiller leurs traits rapides, ni le cor de cacafoirer avec une sombre énergie. Quant au ténor Burgstaller, nourrisson du Conservatoire de Bayreuth, chanteur âpre, comédien grotesque, il me trotte ! Voilà pourquoi je me suis tue, groupe important...

Salle Pleyel, vif succès pour Mme Roger-Miclos, faisant applaudir, avec M. Daniel Herrmann, la *Sonate pour piano et violon* de César Franck, qui vient de procurer (lors de la quatrième séance, si réussie, de Mme Jossic), un véritable triomphe au jeune Thibaud, le lionceau du jour ; cet enfant joue à ravir, non sans couler aux auditrices des regards en dessous ; aussi, ce qu'il reçoit de lettres de femmes du monde implorant des leçons d'accompagnement à cinquante francs le cachet ! Ne marche pas à moins de cinq louis, mon petit, crois-en une vieille qui la connaît dans les angles !

Un autre violoniste de grand style, de talent sobre et sûr, mais ennemi de la réclame et qui se pousse trop peu, Marcel Herwegh, a reçu (au retour de sa tournée triomphale en Allemagne)

un chaleureux accueil lors du concert de
Mlle Hanka Schjelderup, fort applaudie comme
pianiste et comme chanteuse.

Quant aux salons à musique, ils sévissent toujours. La marquise de Saint-Potin a gorgé ses
auditeurs de lambeaux de Mozart ; parmi les interprètes, M. Le Lubez, le Bagès du pauvre.

Et la « Tarentelle » donna un concert où le
violoncelliste Casella joua des choses de son cru.
Une veine que je n'y étais pas !

31 mai 1898.

Opéra. — *La Cloche du Rhin.*

Sur les bords du Rhin, des chrétiennes fran-
ques prient dans un monastère proche du bourg
où règne le chef païen Hatto. En ce couvent,
parfois, sonne agitée par d'invisibles mains une
cloche mystérieuse (voir ci-dessous le *leitmotiv*
d'icelle qui se compose des quatre premières
notes du *Dies iræ* harmonisées curieusement),
(Réflexion faite, ça couterait trop cher
a imprimer, ce leitmotiv ; je le supprime),
cloche dont chaque volée annonce le trépas d'un
idolâtre. Dès le premier acte, elle retentit lorsque
Hatto menace de mort la jeune chrétienne Her-

vine, sa prisonnière, qui prêche le dieu nouveau.
Au moment où le chef barbare lève son poignard,
la cloche tinte et le païen tombe, léguant sa vengeance à son petit-fils Konrad. Mais le jeune
homme, ému par la grâce d'Hervine, retarde le
sacrifice, cherche en un long duo à la gagner, se
passionne, quand un tumulte de révolte les interrompt : la foule des chrétiens assiège le burg ;
Konrad se précipite au dehors pour les repousser ;
un sanglant combat s'engage. Comme les païens
semblent faiblir, Liba, farouche prêtresse d'Odin,
accuse Hervine d'attirer sur eux la défaite par
ses sortilèges ; aux clameurs menaçantes des
Germains restés dans le burg, la prisonnière répond par des chants à la gloire du Sauveur. Un
forcené se jette sur elle et la précipite dans le
Rhin. Les barbares triomphent.

Konrad victorieux, mais désespéré de la mort
d'Hervine, a renoncé au pouvoir. Solitaire, il
erre sur la route du fleuve, appelant celle qui
n'est plus. Cependant une troupe de Germains
restés fidèles à leur culte sanguinaire s'arrêtent
sous un chêne antique, avides de sacrifices humains.

Les victimes vont périr, mais Konrad surgit.
Saisi de fureur à la vue de ceux qui osèrent im-
moler Hervine, il renverse leur autel, renie les
dieux menteurs — Polyeucte rhénan — et tombe
sous les coups des païens. Il va mourir quand
tinte la cloche annonciatrice. Hervine, nimbée

d'une clarté surnaturelle, apparaît au-dessus des eaux, appelant à elle l'âme rachetée de son mystique amant, et tous deux, enlacés, s'élèvent vers des cieux plus beaux — comme Senta et le Hollandais...

Tel est le livret de mes amis Montorgueil et Gheusi sur lequel, ménager de la chèvre classique et du chou bayreuthien, M. Samuel Rousseau, élève de Franck et compositeur de vrai mérite, mais trop hostile au parti pris, au fécond parti pris artistique, a composé, avec un trop impartial souci d'équilibre, une œuvre juste-milieu, dont l'orchestration dénote un musicien consciencieux et réfléchi.

Armée d'une partition de la *Cloche du Rhin* que m'adressa Choudens-aux-mains-ouvertes, je la feuillette devant que les chanterelles soient accordées, et, fiévreusement, je recense les principaux thèmes, entre autres celui de la Cloche (quatre notes du *Dies iræ* harmonisées tragiquement) et un motif mystique qui a une drôle de tournure... Pourquoi donc a-t-il une tournure si drôle ?... Ah ! j'y suis ! C'est qu'on a gravé, à l'accompagnement de ce thème, au lieu de la clef de *sol* requise, une inattendue clef de *fa*... « Ma clef, ma clef, on m'a changé ma clef ! » a dû soupirer l'aimable critique musical de l'*Eclair !*

Bien qu'elle soit énergiquement conduite par M. Mangin, l'Ouverture ne s'entend pas assez, perdue dans le bruit général des conversations

particulières. Mais voici que le rideau se lève,
laissant voir un burg (construit par Amable)
niché sur une roche, véritable nid d'héglon...
Elle est somptueusement vêtue, Liba, la prêtresse païenne aux cheveux rouges, dans sa robe
en crêpe de Chine noir et grenat, chargée de
broderies de soie jaune, orange et verte...

On aimerait se promener dans les rocs germains en compagnie de cette belle Liba, et
Camille Andrès fredonne un air de *Carmen* :

Liba, Liba, dans la montagne.

On applaudit la phrase caressante où la magicienne verseuse de philtres s'écrie : « Je te pro-
diguerai les enivrants breuvages... » en femme
accoutumée aux Liba-tions.

Cette déclaration impressionne si violemment
le vieux Bartet-Hatto qu'il pousse d'énormes soupirs (*teuf! teuf!*) comme un hattomobile. Pour
le consoler, de rudes guerriers germains lui
apportent — sur un rythme à cinq temps que
Claudius Blanc eut du mal à leur inculquer —
du froment, du lin, et une chrétienne, Mlle Ackté,
toute mince et quasi immatérielle dans sa robe
de cachemire blanc garnie de broderies bleu-ciel ;
dévotement blonde, les yeux levés au ciel, les
mains jointes, elle a l'air peinte par Paul Dela-
roche. Samuel Rousseau lui a fourni une douzaine

d'airs pieux qui seront bientôt sur tous les harmoniums. On n'est pas pour rien maître de chapelle à Sainte-Clotilde.

Malgré sa vertu, la petite se toque d'un beau jeune homme (Vaguet) qui a de bons sentiments, un manteau luxueux étoilé d'applications de drap gris et une délicieuse voix de ténor dont il se sert pour roucouler une romance en *la :* « Entends-tu ce murmure... » que reprend le violoncelle-solo, pour achever la pauvre énamourée.

Ces extases sont interrompues par un combat au cours duquel la malheureuse est précipitée dans *celui* du Rhin par Mme Héglon (à qui je n'aurais jamais cru si mauvais caractère), pendant que l'orchestre martèle une « course à l'abîme » qui ne manque pas d'allure.

Après cette immersion, le rideau se relève sur un magnifique décor qui représente les bords du Rhin (et qui, dans *Frédégonde*, représentait les bords de la Seine). Un cor anglais reprend la romance à l'aide de laquelle M. Vaguet avait tourné la tête de la petite chrétienne et une troupe de païens s'amène, traînant l'aile et tirant le pié sur un dessin dont le chromatisme quelque peu franckiste a de l'allure.

La prêtresse Héglon chante une évocation de couleur mystérieuse très applaudie, et les flûtes dans le grave s'ébattent en un motif (*ré bémol*) dont le simili-orientalisme est plus agréable

qu'explicable. Puis M. Vaguet renverse des us-
tensiles servant au culte des faux dieux, accompagné par une musique tempestueuse qui sou-
ligne les hauts faits de ce Polyeucte nouveau
jeu ; les vieux-jeu prétendent que c'est l'orchestration contre laquelle lutte ce héros de Corneille
qui abat les voix...

Incident inattendu ! Mlle Ackté sort du Rhin,
glissant sur l'eau grâce à un truc tout à fait
réussi, et soupire des strophes douces à son cher
Vaguet ; puis tous deux y vont d'un canon à
l'octave, et le rideau tombe et les applaudissements éclatent, et le rideau se relève, et les artistes en costumes polychromes reviennent saluer,
avec, au milieu d'eux, Coleuille en habit noir,
tel un grillon parmi des fleurs.

10 juin 1898.

Les feuilletons de M. Reyer sont toujours
consultés avec intérêt par les lecteurs désireux
de connaître quel jugement peut porter sur les
œuvres modernes un compositeur pour qui la
musique commence avec les *Troyens* et finit
avec *Salammbô*. A ce titre, son dernier article
a obtenu un succès de curiosité assez vif. Des
réflexions justes y sont exposées, en style dis-

cutable, par le pianophobe bien connu qui, constatant que les chefs-d'œuvre des vieux maîtres (la *Statue* et *Sigurd*, je pense) semblent rajeunir à « chaque exhumation », vante ces « sources pures », conseille aux compositeurs, « anneaux d'une même chaîne », de se moquer des foudres dont on les menace et de pratiquer l'éclectisme...

Tu quoque !... Quand M. Sarcey, autre musicographe, affirma la semaine dernière que les auditeurs de l'Opéra-Comique n'osaient pas siffler *Fervaal* en crainte de Willy (garçon inoffensif dont je réponds comme de moi-même), je me suis gondolée ; et maintenant, voilà M. Reyer qui repique ! De grâce, laissez donc aux Pougins ces pougineries ! Et dites, oh ! dites-moi où, en quel pays, personne s'avisa jamais de vouloir foudroyer ceux qui ne s'agenouillent pas devant les anneaux producteurs de sources rajeunies par l'exhumation !...

D'ailleurs, je le répète, le feuilleton des *Débats* mérite sa vogue, verveux et spirituel, tout miel (en apparence) pour la *Cloche du Rhin*... — tant de *miel* entre-t-il dans l'âme de Reyer?... — bourré de renseignements précieux sur Samuel Rousseau et aussi sur la Tétralogie dont « tous les leitmotive (tous !) sont basés sur l'accord parfait », avec des goguenardises amusantes et des gaffes plus amusantes encore, moitié figue, moitié raisin... et quelquefois un peu poire.

Pour montrer aux amateurs du « genre éminemment *francese* » (comme disent les admirateurs de la *Vie de bohème*) que je ne suis point l'intransigeante wagnérienne qu'ils prétendent, je veux chanter le los du *Perlino* que l'on vient d'exécuter dans les somptueux salons de Mme Jameson, au parc Monceau.

C'est, en trois actes, un conte bleu, très bleu, poétique, philosophe aussi, ma foi, malgré ses fanfreluches, où le romancier du *Prisme* et du *Nez de Cléopâtre*, le dramaturge d'*Omphale*, le musicographe qui vient d'exposer aux lecteurs de la *Revue internationale de musique* une glose de « Fervaal » ingénieuse jusqu'au paradoxe, Henri de Saussine, — malepeste, il faut bien l'appeler par son nom ! — évoque des tendresses jolies contrariées par la Dame des Ecus-Sonnants dans une Naples de rêve, des ballets d'abeilles et de papillons secourables aux amoureux, de la gaieté fine et la de mélancolie... admirable matière à mettre en vers français et en musique française, — cette musique légère que les patrouillotes du *Ménestrel* m'accusent de déprécier ; tas de Pougins, va !

En plus d'une page de cette œuvre aux envolées allègres, — dont j'aurai la franchise, pourtant, d'avouer que je voudrais, parfois, la trame instrumentale plus serrée, — le symphoniste se reconnaît, que Sylvio Lazzari gava de ses leçons érudites. Quant à l'exécution, elle fait le plus grand honneur à M. Gaston Selz, qui l'a dirigée,

ainsi qu'aux interprètes : pour la partie vocale,
Mmes G. Polack, admirable de sentiment et d'intensité expressive ; Eléonore Blanc, de qui le
soprano cristallin plane sans effort par-dessus
les chœurs des élèves de Giraudet ; M. Charles
Morel, baryton à la voix chaude et fraîche tout
ensemble, accueilli sans nulle tiédeur, certes ;
pour la partie instrumentale, Mme Jameson qui
s'est dépensée sans compter, ainsi que la comtesse de Brissac, la comtesse de Chaumont-
Quitry, et aussi Vincent d'Indy qui est venu
donner un coup de main...s sur le pleyel double
de Gustave Lyon.

Public ultra blasonné : comtesse d'Avaray,
marquise d'Audiffret-Pasquier, comte d'Antioche,
princesse de Broglie, comtesse de Bonneval, comtesse de Beaumont, Mme R. de Bonnières,
Mlle Bartholoni, M. de Bréville, comte de Cla-
piers, baronne de Coubertin, vicomtesse de Dam-
pierre, le ministre du Danemark, M. Léon Delafosse, marquise d'Eyragues, comtesse de Fitz-
James, duchesse de Gramont, comtesse de
Guerne, comtesse de Germiny, comtesse Gudin,
vicomtesse de Kergariou, vicomtesse d'Indy,
marquis de la Jonquière... Ouf ! laissez-moi
aller à la ligne pour me reposer un peu !

Reprenons : duchesse de Lorge, princesse de
La Tour-d'Auvergne, comtesse de Lur-Saluces,
marquise de Monteynard, marquise de Moustier,
général Mostyn, comtesse de Martimprey, du-

chesse de la Motte-Houdancourt, princesse de Montholon, comtesse de Pourtalès, comte de Pontevès, comtesse de Pont-de-Gault-Saussine, comtesse Rostopchine, baron de Ravignan, comte de Ségur, baronne Séguier, chevalier Stuers, comtesse Tornielli, duchesse de Trévise, marquise de Virieu, princesse de Wagram, et encore j'en oublie, je suis sûre que j'en oublie !

Et pendant que je m'administrais d'excellentes fraises au champagne, pour me remettre de tant d'émotions musicales et nobiliaires, j'entendis la princesse de Metternich-Sandor dire : «*Perlino, je le protégerai, comme Tannhæuser !*»

Puisse la première de Saussine réussir comme la reprise de Wagner ! C'est la grâce que je lui souhaite.

14 juin 1898.

Opéra-Comique. — *La Vie de Bohème.*

De ces quatre actes qu'encombrent les détails « à côté », toute psychologie est absente ; ils constituent moins une comédie lyrique, au sens élevé du mot, qu'une succession de tableautins aux enluminures violentes, trop connus pour qu'il soit nécessaire d'y insister longuement. C'est d'abord la mansarde où Rodolphe, grelottant car « il n'a pas de feu », ne tarde pas à quitter la chronique qu'il expédie « pour ouvrir sa porte » à Mimi, sa voisine de palier, de qui « la chandelle est morte »... Les jeunes gens échangent de douces paroles (gentille petite phrase à la fin du premier acte) et courent réveillonner au café Momus (sans doute, il fait moins froid dans la rue que chez Rodolphe, car la foule s'y esbat joyeusement et les tables des soupeurs encombrent les trottoirs — le 25 décembre !). Là, on rencontre Musette, étayée d'un protecteur opulent, devenue presque grande dame, mais qui se hâte de rassurer ses amis d'autrefois en leur chantant une valse dont l'allure lorette prouve surabondamment que l'ex-maîtresse de Marcel, grisette arrivée, ne renie pas son origine plutôt vulgaire.

Puis c'est, le matin, à la barrière d'Enfer, un pittoresque défilé sur la neige : des maraîchers, des balayeurs qui s'annoncent eux-mêmes comme dans une revue de fin d'année : « Nous sommes les balayeurs... de Gentilly », un frère des écoles chrétiennes et son troupeau d'enfants, un béquillard, des laitières, des douaniers, un allumeur de réverbères, enfin Mimi, abandonnée par Rodolphe, qui vient le chercher dans un café où il a passé la nuit, ainsi que Marcel et Musette qui se trouvent à point nommé pour recevoir ses confidences et chanter un quatuor. Enfin, c'est le dénouement, Mimi qui tousse, suffoque et meurt, pauvre petite Traviata du quartier Latin.

La *Manon* de M. Puccini obtint à Turin, il y a cinq ou six ans, un triomphe tel que les plus autorisés critiques italiens s'accordèrent à en dire les quatre actes « quatre grands cadres de la vie humaine ». Excusez du peu ! Quant à sa *Bohème*, les mêmes critiques, de plus en plus autorisés, la déclarent encore supérieure à *Manon*. Alors, qu'est-ce que c'est, *signori* ?

Le vrai, c'est que Puccini ainsi que Mascagni et Leoncavallo (pour ne citer que les plus connus de ces transalpins) écrit une musique « vitale », comme on dit là-bas, parfois animée de ce diable-au-corps qui frétillait dans le *Falstaff* de Verdi, presque toujours spontanée et instinctive...

Si j'étais Plutarque, je pourrais me fendre d'un joli parallèle entre les deux *Vie de Bohème* qui se partagent la faveur de l'Italie :

> Celle d'hier que Puccini
> Fit éditer par Ricordi,
> Et celle à Leoncavallo
> Que l'on trouve chez Sonzogno.

Je pourrais remarquer, par exemple, que, dans la pièce applaudie hier soir à l'Opéra-Comique, le caractère sentimental est plus accusé que dans l'œuvre de Leoncavallo qui n'a eu garde d'oublier les parties de billard de Barbemuche et de Schaunard, le bacchanal qui fait rage dans la cour de Musette, tous les épisodes de la vie des bohèmes, si lamentablement gaie. Mais à quoi bon?...

Quand on donna la première de *Fervaal*, il se rencontra des critiques pour stigmatiser « les incroyables duretés » de l'instrumentation de Vincent d'Indy. Je serais curieuse de voir si ces oreilles délicates — et longues — souffriront également des quintes accumulées (le diable m'emporte si je sais pourquoi !) par M. Puccini. Oh ! le début de ce troisième acte ! J'en grince encore des dents.

Et le va-comme-je-te-pousse des tonalités fichues au hasard ! Tout à la fin, je ne me rappelle plus au juste l'endroit, je vous recommande une coquine de phrase en *la bémol*, chantée par Mimi, qui s'installe brusquement en *si bémol* avec un sans-façon tel que mes cheveux se seraient, sous mon bonnet rose, hérissés d'horreur, si la Nature prévoyante n'y avait mis bon ordre.

Parlons plutôt des décors qu'a brossés Jusseaume ; ils sont tout bonnement exquis. La mansarde où gèlent Rodolphe et Marcel (dans un grenier qu'on est mal à vingt ans !), la barrière d'Enfer, avec son boulevard extérieur estompé dans le brouillard, autant de petits chefs-d'œuvre ; mais c'est surtout la mise en scène du deuxième acte qui a soulevé des tempêtes d'acclamations : le café Momus bondé de clients tapageurs, les boutiques en plein vent assaillies par les moutards, la foule bruyante — bourgeois, gardes nationaux, étudiants, grisettes — promenant par le quartier Latin, sous cette nuit de Noël incendiée de lanternes et de lampions, ses allégresses réveillonneuses, la retraite *alla* Bizet guidée par un splendide tambour-major (aussi long que le serait, pour notre Chambre batailleuse, un jour sans *pains*), la boutique à treize sous de Parpignol, tout ce grouillement polychrome, tout ce chatoiement, toute cette trépidation amusent si bien, que personne, en cet instant de joie, ne songe à s'occuper de la musique.

C'est bien là-dessus que comptait Puccini, j'en suis sûre !

Evidemment, je pourrais chicaner, fouiner, ronchonner, montrer le banal de certaines larges allusions massenétiques, indiquer des origines berlioziennes (*Benvenuto Cellini*), discuter l'application ingénue des rappels mélodiques, mais non !

Le succès a été énorme, c'est tout ce que je veux constater. Vive ce mélodrame en musique où tant de Margots avaient les yeux rouges à contempler Mimi expirante (le fait est que c'est à pleurer) ! Et puis, je l'avoue, une subtilité me désarme et me rend acharnée pucciniste : figurez-vous que dans cette pièce, amoureuse entre toutes, cet Italien roublard a eu l'ingéniosité, pour convaincre les moins observateurs qu'il

s'agit là de collages, d'employer, jusqu'à l'excès,
.les mouvements « conjoints » !

15 juin 1898.

Finis, les concerts !

Les violons ont tu leur grave mélodie...
Les murs vides ont froid sous leurs emblèmes peints...

comme chante le cher collaborateur de Paul,
Victor Margueritte. Seul, M. Colonne tient bon,
et continue à damner Faust, mais chacun sait
que l'œuvre de Berlioz durera autant que notre
terre ; même je suis sûre que l'Ange du jugement dernier, quand il empoignera sa trompette
au son mirifique, soufflera dedans la « Marche
hongroise » (de sorte qu'il sera contraint de
la bisser).

Donc, parlons un peu des livres, puisque la
musique nous fait des loisirs. Les *Orgues de
Fribourg*, d'abord ; c'est une ingénieuse plaquette où M. Carle-L. Dauriac, un sensitif aux
nerfs exacerbés, a réuni des confessions griffon-
nées en pleine fièvre musicale, confessions faites
de mots qui sténographient chaque sensation
provoquée par l'afflux harmonique, chaque vision
évoquée, chaque illusion d'un esprit soumis au

caprice de l'évolution mélodique... (Je viens de relire ma phrase, elle manque un peu de clarté ; mais, comme celles que je pourrais y ajouter ne seraient pas plus lumineuses, je ne m'obstine pas. Procurez-vous le livre de Dauriac, cela sera bien plus simple.)

Du berliozien Prod'homme un ouvrage très complet, trop peut-être, est consacré à l'*Enfance du Christ*; gloses, analyses, déductions, confrontations, exhumations de journaux du temps, il n'y manque rien, pas même un fort lot de coquilles typographiques rendant la lecture des exemples musicaux plutôt malaisée.

Le cent-dix-huitième volume français sur les *Maîtres-Chanteurs* vient de paraître (il s'en prépare d'autres, dans l'ombre) ; celui-ci, signé de l'ami Charles Joly, est particulièrement clair et d'une lecture agréable. Profitons de l'occase pour signaler que Julien Tiersot poursuit, chaque semaine, ses études sur les *Maîtres* dans le *Ménestrel* (il continuera pendant sept ans), et ce, à côté des cafouillages antiwagnériens de ce pauvre petit serpent de Pougin (un serpent à sornettes).

M. Gustave Lyon a eu l'idée — qui ne me serait pas venue — de confier l'avant-propos de son cinquième recueil, la *Musique de chambre* (programme Pleyel), jadis préfacé par feu Comettant, à un confrère wagérien, et même d'indyste (!), M. Henry Gauthier-Villars.

Citons quelques lignes :

« C'est sous la sotte rubrique « art d'agré-
» ment » que la musique figure, dans les prospectus de collèges, entre la gymnastique et la
natation. Depuis que Stendhal, fécond en héré-
sies esthétiques, a déclaré la musique « pure-
» ment productrice de sensations agréables »,
d'innombrables critiques ont paraphrasé cette
aberration sensualiste avec tant de zèle que
la *génératrice de toute vitalité*, comme Stéphane Mallarmé sut la définir, passe pour super-
ficielle, de par ces rabâcheurs à courte vue.

» Rien n'ayant enrayé pendant de longues
années l'influence néfaste des critiques *alla*
Stendhal, on ne peut s'étonner de l'engouement
du gros public pour les morceaux de fausse
verve ou de réelle sensiblerie, romances diges-
tives, ariettes-pepsine... Comment nos professeurs osent-ils gaver leurs nourrissons de nigau-
deries sentimentales, de puérilités fadasses, qui
déshonorent la musique comme certaines berqui-
nades déshonorent les lettres, comme les statues
polychromes du quartier Saint-Sulpice déshonorent la plastique ?... »

J'espère pouvoir, quelque jour, revenir sur le
si suggestif (et si subjectif) ouvrage du comte
de Chambrun : *Wagner à Munich, Francfort,
Nice* ; dès aujourd'hui je veux, tout particulièrement, recommander la lecture de ce Journal de
voyages à travers la pensée de Wagner, voyages

synthétisés par cette déclaration définitive :
« Wagner est à la fois le *to pan* et le *to en ;* il
est toutes les cinq lumières (le soleil, la lune, les
étoiles, la foudre, le gaz), puis un phare unique
d'électricité au sommet de la tour Eiffel, ou dans
les mains de la Liberté éclairant le monde à
New-York. »

Ailleurs, M. le comte de Chambrun définit les
impressions causées par diverses auditions musicales : « Quand j'entends Beethoven, je deviens Achille, Hector ; quand j'entends Bach, je
deviens saint Paul, saint Pierre. A entendre
Wagner, une femme de mes amies, au dénouement de la *Gœtterdæmmerung,* se sent resserrée, réduite, diminuée : ses bras ont raccourci de
cinq, et ses jambes de sept millimètres. Pour
moi, c'est tout le contraire : de mes pieds
sortent des racines et de mes mains des
branches... »

A signaler un très léger lapsus ; le célèbre
calembour de *Parsifal :* « Tu n'es que Fal-
Parsi », doit être attribué à Kundry et non à
Gurnemanz qui se contente de donner au héros
pur ce conseil d'ami : « Retourne avec les oies
tes semblables. »

21 juin 1898.

8.

Les journaux m'informent que mercredi prochain, à quatre heures de l'après-midi, M. Henry
Gauthier-Villars présentera au public de la Bodinière trois musiciens en liberté, MM. Ernest
Chausson, Pierre de Bréville et Louis de Serres,
de qui notre ami Engel, toujours à l'affût des
nouvelles tendances artistiques, toujours affamé
d'inédit, interprétera (adjuvé de Mlle Mathieu
d'Ancy, excellente) bon nombre d'œuvres.

Serai-je indiscrète en révélant que ce conférencier inédit, je l'ai beaucoup connu autrefois,
pauvre innocente que j'étais ! (Henry, vous rappelez-vous ? nous n'avions qu'un lit pour nous
deux... Allons, tais-toi, mon cœur !) Bien qu'à
présent

> D'autres femmes, dit-on, se glissant dans sa couche,
> Des baisers étrangers se posent sur sa bouche...

je n'ai pas cessé d'aimer cet ingrat ; aussi,
désireuse de lui voir éviter un four, ai-je été
tout heureuse d'apprendre qu'il se défie, avec
raison, de sa diction bafouilloïdale et confie sa
prose à M. Charles Léger, dont les baigneuses
de Bagnères-de-Bigorre apprécieront bientôt la
diction nette, le sens artistique très développé...
sans préjudice d'autres qualités d'ordre plus in-

time, que je le leur laisse le soin de découvrir
elles-mêmes.

Quant aux trois compositeurs inscrits sur le
programme, je les pratique depuis longtemps ;
tous trois élèves de César Franck, tous trois,
cependant, conservent une personnalité dont le
maître des *Béatitudes* ne chercha jamais à en-
traver le libre développement ; la recherche de
l'intensité expressive, le respect de la prosodie,
la haine du banal, voilà leurs seuls points de
contact. César Franck, au lieu d'enserrer le talent
de ses élèves en des règles arbitrairement
étroites, se contentait de leur enseigner, avec
une technique puisée aux sources les plus pures,
le respect de leur art, le mépris du succès acheté
au prix de concessions à la foule, la foi dans la
haute mission de l'artiste, bref, le contraire de
ce que les professeurs ont l'habitude d'enseigner.

.C'est du Nord, aujourd'hui, que nous vient la
musique française. *Sigurd* et *Salammbô* pas-
sèrent par Bruxelles, tout comme *Fervaal* ;
Gwendoline n'arriva chez nous qu'après un
stage à Carlsruhe ; et combien d'autres ! Pareille-
ment, M. Ernest Chausson dut rouler sur bien
des kilomètres de voie ferrée pour entendre sa
belle *Symphonie* en Belgique, puis en Russie,
avant qu'elle pénétrât en France, où l'importa
enfin un chef d'orchestre audacieux... audacieux
et étranger, d'ailleurs, le subtil Nikisch. (Lui
faudra-t-il aussi franchir la frontière pour ouïr

Arthus, son admirable drame lyrique ? Je dis ad-mi-ra-ble.) Par un autre étranger, le Brabançon Ysaye, fut exécuté son *Poème pour violon d'orchestre*, très goûté au Châtelet, où l'on applaudit également son *Soir de fête*, impression puissamment colorée et de verve fougueuse, encadrant une rêverie de mélancolie pénétrante.

Dans son célèbre sextuor « Concert » comme dans son quatuor qui fit sensation cette année, comme aussi dans ses lieds, jamais le souci de la facture n'étouffe la spontanéité ; la remarque est de M. Belon, qui ajoute justement : « Le compositeur n'a pas souffert que le cœur chez lui fût aux ordres du cerveau », ce dont il loue M. Ernest Chausson ; de cette louange, je loue à mon tour M. Belon, dans l'espoir que l'éditeur Baudoux viendra quelque jour me complimenter de mon encens... Palmarès, que veux-tu ?

M. Pierre de Bréville est, maintenant, connu du public des concerts où, grâce à M. Colonne, trop habile pour écarter systématiquement les jeunes, il fut quelquefois applaudi... et une fois chuté (au Nouveau-Théâtre) par des auditeurs que certains heurts harmoniques du *Baiser* effarouchèrent. Il produit peu, — il va tant dans le monde, cet enfant ! — mais ce peu est exquis. Chez lui, rien qui sente jamais l'improvisation, la formule banale, la cadence trop sûrement aguicheuse de l'applaudissement des sots ; sa Muse, si j'ose m'exprimer ainsi, est d'une distinction exquise ; même elle minaude un peu, quelquefois ; elle fait plutôt sa tata que le trottoir.

(Fils de magistrat, M. de Bréville faillit devenir magistrat lui-même, et, au début de sa carrière, mena de front la musique et la jurisprudence. Cependant que ses camarades de l'École de droit manillaient dans les brasseries du Boul'Mich', l'auteur du *Furet* potassait le cours de Théodore Dubois. Ça vaut mieux que d'aller au café !)

Formé, lui aussi, à la même école que Chausson et Bréville, M. Louis de Serres fut un des derniers élèves de Franck ; ses compositions d'une inspiration élevée, raffinées d'écriture (Engel les interprète avec un art merveilleux), d'une tenue d'art qui ne se dément pas, réunissent toutes les qualités requises pour n'être point rapidement populaires. De fait, on les chante moins, dans les ateliers de modistes, que *Petite brunette aux yeux doux*; mais peut-être le but suprême de l'Art n'est-il pas de ravir les ateliers de modistes...

Pendant longtemps, les musiciens travaillèrent, sans que le cœur leur levât de dégoût, sur les strophes engluées de niaiserie, perpétrées par... (Ah ! vous savez bien le nom de ces idiots !) M. Louis de Serres, lui, ne trouvant pas indispensable de choisir des paroles bassement ineptes comme prétexte à de la musique distinguée, élit des poètes modernes, de forme toujours intéressante, Van Lerberghe, Fabien Colonna, Emile

Cottinet, sans parler de Verlaine. Il prosodie avec un soin qui augmente l'intensité expressive de ses lieds, il poursuit une exacte concordance entre la phrase musicale et la période littéraire, il...

Voilà les choses que je dirais, et bien d'autres avec, si je devais conférencier à la Bodinière.

29 juin 1898.

« Malgré l'élévation de la température (*et du prix des places*), la séance organisée par l'excellent Engel avait attiré, mercredi, une jolie chambrée à la Bodinière ; au programme figuraient des mélodies de MM. Ernest Chausson, Pierre de Bréville et Louis de Serres...

(J'ouvre une parenthèse pour vous prévenir que l'auteur de ce compte rendu coquet, paru dans le *Monde artiste*, est, non pas mezigue, mais Fernand Le Borne, gars chéri du sexe, hé ! hé ! Maintenant, je lui repasse la parole.)

« On connaît les sentiments de M. Henry Gauthier-Villars à l'égard de ces trois compositeurs ; rien d'étonnant, donc, à ce que la spirituelle (*merci, ô mon Fernand !*) Ouvreuse du Cirque d'Été ait tenu à les présenter au public dans une conférence extrêmement intéressante *(comme il s'exprime bien, ce vieux frère!)* applaudie malgré certaines rosseries, inhabituelles aux conférenciers de l'endroit, certaines pointes à l'adresse des compositeurs vieux-jeu... »

Peuh ! ces « rosseries », admirablement dites par Léger, étaient bien bénignes auprès de celles que je pense réellement ; mais quoi ! le médecin m'a recommandé de ne pas m'énerver, de prendre les eaux d'Uriage...

Uriage ! ô désespoir ! ô vieillesse ennemie !

Calmons-nous donc, et serrons Le Borne sur notre cœur reconnaissant, et rendons grâce au *Monde artiste* dont nous ne relèverons pas, dans le même numéro, un lot d'appréciations effarantes sur l'*Après-Midi d'un faune*, « page vide et prétentieuse », sur Guy Ropartz « monotone à pleurer », portées par l'ami Henry Eymieu qui, en revanche, trouve Widor « adorable ». Adore, mon enfant ; adore, ne te gêne pas !

Ah ! j'oubliais ! C'est aussi à la Bodinière que conférencie Jules Bois sur les rapports du Geste et de la Musique ; ce mage n'est point banal. Le colonel de Rochas, assidu à ces palabres, m'expliquait hier (mais je ne suis pas bien sûre d'avoir tout à fait compris) que chacune des notes de la gamme est une harmonique des mouvements vibratoires propres aux différentes circonvolutions cérébrales qui servent de centres moteurs ou sensitifs, de sorte que, chez certains individus hyperesthésiés, il suffit de faire vibrer le *fa dièze* moyen, par exemple, sur un pleyel, pour faire vibrer dans le cerveau du sujet le centre moteur des mains et lui faire agiter les doigts...

(Ça c'est épatant! Alors si je frappe un *do*, le sujet remuera le torse ? Si je joue *J'ai du bon tabac*, il se mouchera ? Faudra que j'essaye ce petit jeu sur mon ami !)

J'aurais dû tenter cette expérience sur les membres de l'Institut hyperesthésiés qui écoutaient ou feignaient d'écouter, hier, dans la salle des séances, les cantates des quatre aspirants au prix de Rome... Mais je ne veux plus blaguer l'Institut (bien que ces puissants seigneurs m'aient paru juger au rebours du bon sens), depuis que l'un des membres, et non des moindres, m'a gracieusement octroyé une place pour ouïr le concours d'hier, une lettre brûlante, et dans les petits cheveux follets qui frisottent sur ma nuque, un baiser chaud comme braise... Oh! il n'a pas que l'habit de vert, ce M. D..., de l'Institut !

Dans la salle, qu'embellissent (?) des icônes d'hommes célèbres, je me suis installée entre une statue (beurre solidifié) de Jean Racine et un buste simiesque de Cuvier, et là, anéantie de chaleur, j'ai entendu quatre cantates, tout en contemplant le bureau (le mince Frémiet, le moustachu Jules Lefèvre, Larroumet au sourire renseigné), puis un tas de membres qui transpiraient... comme des secrets.

M. Crocé-Spinelli a fait interpréter par
Mlle Passama, corsagée de rouge, un devoir
consciencieux, pas toujours amusant, assez mou-
vementé par endroits, que MM. Beyle et Béchard
ont fait valoir de leur mieux. (Dieu! quel poème
que cette *Radegonde !*)

La cantate de M. Schmitt a fière allure et dénote une rare vigueur ; le bouillant Engel,
Mlle Dumont (Kaïto) aux notes si belles, M. Daraux, impeccable musicien, ont présenté cette
œuvre, sans conteste la plus réfléchie du concours, celle dont l'auteur montre un talent déjà
mûri, un raffinement ingénieux d'harmonies (à
mon sens excessif en l'espèce), une sûreté de
main qui n'est plus d'un élève. Pierrey tint le
piano avec infiniment de maëstria. (Mais quel
poème que cette *Radegonde !*)

M. Malherbe aura peut-être du talent un jour,
mais je ne puis parler que de ce que j'ai entendu
hier ; pour le moment, sa déclaration molle, ses
idées incolores, sa prosodie enfantine, sa mièvrerie (d'ailleurs excusable de par la fadeur du
poème) m'empêchent de comprendre comment
on a pu coller un second grand-prix à ce jeune
homme par trop dénué d'accent personnel et qui
fait du Massenet, comme on « fait » une montre.
Peut-être les juges ont-ils incliné vers l'indul-
gence en raison de l'accident survenu au pauvre
Mondaud, syncopé par la chaleur et qu'il a fallu
remplacer au gosier levé par l'excellent Daraux,

déjà nommé, lequel ne dépara certes pas l'ensemble formé par la belle Grandjean et le vibrant Nivette. (Ah ! mes aïeux ! quel poème que cette *Radegonde !*)

M. Kunc sera ce que notre oncle appelle, avec des larmes d'admiration dans son encrier, « un homme de théâtre ». Remarquablement doué, ses qualités et ses défauts lui serviront à la scène ; capable d'écrire une robuste scène de consécration, il s'accorde des rosalies dont il doit, tout le premier, sourire, et un finale trop habilement walkyrique ; prodigue de ces concessions utiles auxquelles il faudrait que Schmitt voulût se plier, il réussira, ce garçon qui sut colorer d'intérêt le plat poème qu'est *Radegonde !*

Mais puisqu'on ne devait pas les juger, à quoi bon faire réduire au piano et exécuter les cantates non finies ? Mystère et administration française !

4 juillet 1898.

Dans un livre que vous n'avez probablement pas lu, *Accords perdus*, je n'ai pas dissimulé l'intérêt maternel que je porte au jeune Bordes, cheville ouvrière de la *Schola cantorum* ; j'ai loué ses sains efforts tendant à purger les églises des actuels troulalaïtou qu'on y dégorge sans pudeur, inepties que la *Schola* remplacera bientôt, s'il plaît à Dieu, par les merveilles de l'école palestrinienne et aussi par des œuvres de musique moderne plus décemment conformes à leur destination, fleurant l'encens et non plus le patchouli.

Merci, — que je lui disais, — merci, ami Bordes, merci, *Schola*; bénis soyez-vous, car vous créerez un style religieux plus propre (dans toutes les acceptions du mot « propre ») à sa destination que les mondanités aggravées de harpes actuellement en vigueur — ou plutôt en faiblesse — dans les églises. Nous en avons assez, des Bouasse-Lebel musicaux qui nous engluent de leurs *Ave Maria* pommadés, sucreurs d'eau bénite dont la prétentieuse impuissance aboutit à ces confections d'un douceâtre vomitif qui sont à la Musique ce qu'est à la Sculpture la bondieuserie polychrôme du quartier Saint-Sulpice.

Vous pensez bien que NN. SS. les évêques n'ont pas ménagé leurs encouragements aux courageux gaillards qui constituent le comité : MM. Guilmant, Bourgault-Ducoudray, Vincent d'Indy, prince de Polignac, Fernand de la Tombelle, de Boisjolin, André Pirro, tous partisans résolus de la musique pieuse contre l'impudique chabanais que vous savez, tous fervents de cette *Société contre l'abus du sabbat!* Malheureusement, il m'est impossible de citer les auteurs de ces approbations épiscopales, car la place me manque ; et puis je ne connais pas leurs noms.

Très flattée d'avoir été considérée comme une assez bonne chrétienne pour assister à la séance de fin d'année de ladite Schola, j'ai posé sur mes cheveux frisottés le plus seyant de mes bonnets roses, et je me suis rendue dans l'atelier que prêtait gracieusement la princesse de Polignac, un atelier épatant, ma chère, haut comme une cathédrale, éclectiquement décoré de toiles dues à Sargent et à Monet, une merveille, quoi ! Je me suis nichée tout près de Mme de Bonnières (dans l'espoir — qui ne fut pas déçu — d'un copieux pourboire) et, un peu émue de me trouver au milieu d'un public si chouette, où la princesse Bibesco voisinait avec Fauré, j'ai avalé pieusement un formidable programme.

Oui, formidable ! Trois heures pleines ! et aïe donc ! Je ne m'attarderai pas à louer l'exécution si souple, si fondue des Chanteurs de Saint-Gervais, et pourtant j'aimerais célébrer les exquises gargouillades jubilatoires de l'alleluia *Salve Virgo !* et les curieuses vocalises rampantes sur ces mots *Nos qui sumus in terrâ* dans le motet de Roland de Lassus, panaché d'une violente explosion de joie populaire : « Nicolas ! Nicolas ! » Sachez que deux motets de la Tombelle furent applaudis, d'une excellente sonorité pour les voix ; et un *Ave Maria* de Bordes d'harmonie sobrement moderne avec, au début, un charmant canon entre ténor et soprano ; et la très savoureuse pièce de concert sur un thème breton (Guy Ropartz) parfaitement orguée par Guilmant, lequel a formé déjà des élèves, tout ce qu'il y a de bien, le civil Decaux, le tourlourou Beyer, etc.

Hélas ! plus de place. Je ne puis que signaler les expressives mélodies de MM. Auguste Serieyx, Pierre Coindreau, Marcel Levallois (bellement interprété par M. Béchard) et Déodat de Séverac, un debussyste très très intéressant ; quoi encore ? un sérieux Prélude d'Albert Dupuis et une *Suite* (avec l' « aria » franckiste à souhait) de M. Henri Estienne qui, nom oblige, a fait « impression ».

Un dernier mot : j'ai gardé pour la bonne bouche deux spécimens de musique « spirituelle » (dans tous les sens de l'expression) amoureusement ciselés par le prince de Polignac : l'architecture vocale en est d'une fantaisie toute pleine d'élégante audace, avec des trouvailles d'agencement dont le charme imprévu séduit.

11 juillet 1898.

J'aurais été bien désireuse, mercredi dernier, jour de la Saint-Michelet, de savourer la musique composée par Gustave Charpentier à l'occasion du couronnement de Mlle Ernestine Curot ; mais, hélas ! le grand préteur d'en haut, insoucieux de nos petites muses (*de minimis non Curot prætor*), a noyé l'Hôtel de Ville sous de si prolixes cataractes qu'il m'a fallu m'enfuir à la nage, soutenue par le bras vigoureux d'un syndic fort galant, qui m'a priée de ne pas signaler à mes lecteurs sa courtoisie pourtant exquise, et agissante, ah ! combien ! Quel gars, mes sœurs ! En voilà un qui, dédaigneux des ambiances toujours prêtes à flancher, n'est pas près de déposer son b...ellan !

Désolée de ce contre temps, je me suis exilée. Mon Dieu ! oui, en proie à de noirs chagrins, j'ai pris le parti d'aller les faire blanchir à Londres où, par la même occasion, j'ai voulu entendre la musique de *Pelléas et Mélisande*, pas celle de Claude-Achille Debussy, que ses intimes assurent exquise, ce dont je ne suis point étonnée (car il est pourri de talent, ce débineur de l'Ouvreuse), mais celle, inconnue en France, de Gabriel Fauré, — une merveille !

Oui-dà, une merveille d'émotion pénétrante et de grâce discrète, ce Prélude et ces Introductions, musique de rêve, musique de simplicité savante, musique telle que Maeterlinck n'en put jamais entendre autour de ses œuvres. (D'ailleurs, ce Belge talentueux se connaît en musique comme le dreyfusard Leblois en loyauté.) Le public anglais s'est rué, pour l'ouïr, au « Prince of Wales's Theater », enthousiasmé de la pièce, — que Robert Buchanan exalte fort au-dessus du shakespearien *Roméo et Juliette*... quelle santé ! — enthousiasmé du petit orchestre (cordes, plus instruments à vent par un : une flûte, un hautbois, etc.), dirigé par Fauré lui-même ; enthousiasmé des artistes, notamment de Mme Campbell, une Mélisande admirable, tendre, ingénue, mais brune, ô contresens !

*
* *

Je suis prise à partie par un Sarceyen qui rédige une gazette armoricaine (un « oncle » à la mode de Bretagne), qui, lui aussi, me reproche d'aimer *Fervaal*, et stigmatise mon influence « néfaste » dans un article à refrain plutôt moche : « L'Ouvreuse et ceux qui la suivent (*hé ? hé ?*) s'en vont répétant le mot d'ordre du wagnérisme irréductible : « Foin du *Sigurd* qui n'est pas wagnérien ! Foin de Massenet et Saint-Saëns qui ne sont pas wagnériens ! Foin de *Carmen* et de toutes les œuvres où coule à pleins bords la mélodie !... »

Foin ! Foin ! Foin ! Ma parole, il n'a que ça dans la bouche !

La vérité, c'est que je n'ai jamais protesté (à quoi bon, grand Dieu !) contre les représentations de *Sigurd* à l'Opéra, — d'où, pour le dire en passant, on l'a longtemps écarté sous prétexte de wagnérisme ; — la vérité, c'est que Massenet passa, jadis, pour un ennemi de la mélodie, alors qu'on l'appelait « Mademoiselle Wagner » et que, dans l'habile *Esclarmonde*, il wagnérisait à l'usage des mélomanes trop parisiens pour aller jusqu'à Bayreuth ; la vérité, c'est que Saint-Saëns consacra à l'auteur de la Tétralogie des articles passionnément dithyrambiques, jusqu'au jour où, saint Paul musical, il fut frappé de la grâce sur le chemin de l'Institut et tomba la face contre terre — son nez fit un trou profond — en bégayant le nom de Gounod ; la vérité, enfin, c'est que le musicien de *Carmen*, lui aussi, fut convaincu de wagnérisme éhonté. Lisez, sous-Sarcey, qui me dites des choses pénibles dont je m'éjouis, lisez ce passage de Larousse (1877), que le subtil André Hallays sut à propos dénicher : « M. Bizet a voulu donner des gages aux doctrinaires qui s'intitulent les apôtres de la musique de l'avenir en rompant avec ce qu'on regardait jusqu'ici comme les traditions du goût, la satisfaction de l'oreille, l'harmonie dans le sens concret et spécial du mot... » O Fétis ! O Pougin ! O gourdes ! Et maintenant que je vous suppose couvert de confusion, ô oncle ! retirez-vous sous votre tente !

Si la province me chine, Paris m'enguirlande. A propos d'*Accords perdus*, l'ami Cornély écrit : « C'est une excellente personne que l'Ouvreuse, et intelligente. Je la soupçonne d'avoir un faible pour les compositeurs modernes. C'est son droit. Elle le dit en termes très crus, ce qui lui est encore permis... » J'arrête ici la citation, par modestie, car il devient vraiment trop lyrique à mon endroit, celui que je me garderai bien, moi, d'appeler jamais en dépit de son dreyfusisme, « Cornély, père des craques ! »

*
* *

Un de mes amis de passage à Berlin, où il a visité l'Exposition de musique, m'écrit (d'une plume qui crache, indignée) : « Figure-toi, ma vieille, que dans la section française, j'ai vu, sous la rubrique *musiciens célèbres*, les portraits de Flégier, Tréjard, Goublier... et Gaston Lemaire ! »

Pourquoi pas ? Peut-être bien qu'ils sont célèbres chez les Boches ! Seulement, on devrait bien prévenir les Berlinoises qui se trouvent dans un état intéressant de ne pas aller regarder la photographie de Gaston Lemaire...

18 juillet 1898.

9.

Quasi pâmée, affadie, consternée par cet excès de chaleur, je n'ai pu, en raison de ce contre-temps (aggravé de syncopes, pauses, soupirs, et le reste...), assister à l'exécution de la partition élaborée par Gustave Charpentier en l'honneur de la Muse.

Remettant à plus tard le plaisir de vous édifier, lecteurs illustres, abonnés très précieux, sur les mérites de ce *Couronnement de la Muse*, je puis seulement vous apprendre pour aujourd'hui, que le thème « Voilà l' plaisir, Mesdam's ! » varié à l'infini, joue là-dedans un rôle important; sur un carnet contenant des notes prises l'année dernière, lors de la répétition de l'œuvre au Nouveau-Théâtre, je lis ceci : « Certains motifs de douleur gémissent, entendus déjà dans les *Impressions fausses*; aux cuivres éclate la chanson du *Chat noir*; puis un caressant *six-huit* semble exquis à ceux qui ne préfèrent pas, sur toute chose, les trompes de chasse et qui, d'ailleurs, trouvent bientôt à se consoler aux pétarades de la *Marseillaise*... Et puis, c'est d'héroïques appels de trompettes, c'est des clameurs de foules, c'est des cloches sonnent *mi, fa dièze, si*, c'est tous les ingrédients du succès, car vous ne pensez pas que Charpentier en ait oublié un seul, n'est-ce pas?... »

*
* *

Dans une revue discrète, M. François Hubart (j'ignore s'il est parent du politicien qui s'adonne aux duels morganatiques) bêche, avec une lourdeur qui voudrait être méchante, la *Schola cantorum*, « école d'admiration mutuelle », et l'Ouvreuse par-dessus le marché. Causons : Evidemment, ce ne sont point tous chefs-d'œuvre, les motets d'élèves que nous ouïmes l'autre semaine chez la princesse de Polignac ; mais, que M. Hubart s'efforce de le comprendre, la personnalité ne s'acquiert pas en un jour, surtout dans un style où il est bien malaisé de ne pas côtoyer quelque peu le pastiche si l'on craint (et il faut le craindre) de tomber dans la blâmable exaspération des harmonies modernes. Fidèles à l'esprit des maîtres de l'époque palestrinienne, les nourrissons de Bordes, Vincent d'Indy, Guilmant, de la Tombelle, donnent des essais respectueux des textes sacrés, d'une excellente écriture vocale : c'est déjà bien quelque chose ! L'*O quam suavis* de l'abbé Boyer, le *Tu es Petrus* de M. de Saint-Regnier (un peu scholastique, mais énergiquement affirmatif), tout cela vaut mieux, beaucoup mieux, que les productions niaisement sirupeuses des Lefébure-Vely et autres Lambillotte... pour ne pas parler de certaines confiseries toutes récentes.

Venons à l'accusation plutôt sosotte portée par M. François Hubart contre la *Schola* qu'il prétend une « école d'admiration mutuelle ». J'ouvre le dernier numéro de la *Tribune de Saint-Gervais,* organe de la *Schola* précitée, et j'y savoure ce compte rendu signé Vincent d'Indy. Voyez un peu l'eau bénite, mes frères : « Le résultat des derniers concours que nous avons organisés est décourageant ; sauf celui de la *Messe à deux voix,* les autres sont réellement abominables, certains seraient même à attacher au pilori... Le concours de *Marches nuptiales,* en particulier, nous a valu une abondance de turpitudes dont rien n'approche. Que l'ombre de Meyerbeer les ait en sa sainte garde ! (car telle était la devise de l'une d'elles...) Musique pour militaires, et pour vicaires, il faut bien le dire, car les membres du clergé qui encouragent de semblables horreurs sont légion !... »

Passe-moi l'admiration mutuelle ! Que les concurrents ainsi gourmés aillent se faire panser chez le lénitif abbé Gabert, fondateur d'une revue chèvre et chou, l'*Avenir de la musique sacrée,* qui avoue ingénument sa rédaction composée de « manchots et culs-de-jatte », et en son syncrétisme béat, accueille, avec le même sourire, Vittoria et Giely, les immortels chefs-d'œuvre de Bach et les stupidités coco d'un Battmann... Quant aux attaques personnelles du nommé François Hubart, je serais bien folle de m'en préoccuper ; depuis tant de temps qu'il pleut sur mon bonnet rose, je suis devenue insensible aux horions, qu'ils me soient administrés par les musicographes sournois d'une petite revue pour laquelle je ne suis pas, sans doute, assez « intellectuelle » (je m'en vante) ou par ce bêta anti-Scholastique qui se donne un mal du diable, inutilement, pour me saisir par derrière et me faire le cou d'Hubart (François).

*
* *

Impossible d'analyser, même d'énumérer, cet amas de volumes qui chaque jour s'accroît. Au hasard, nommons l'*Exemple de Ninon de Lenclos amoureuse*, où Jean de Tinan loue, sans restriction, sa belle héroïne d'avoir su jouer du luth, du théorbe, du clavecin, de la guitare et de la prunelle, sans parler du reste ; livre adorable d'impertinence charmante et d'humour léger. — Voici maintenant, de Wyzewa, de nouveaux essais de critique musicale, *Beethoven et Wagner*, tout pleins de faits et d'idées, compendium de science, d'intelligence, de tristesse aussi (ô la jolie page mélancolique : « On nous a changé notre vieux Bayreuth ! »). Et enfin, l'*Initiation au Péché et à l'Amour*, bouquin dans la préface duquel l'auteur, Edouard Dujardin, revendique le droit de prodiguer ce qu'on appelait autrefois

« des peintures licencieuses », œuvre de lettré,
d'ailleurs, et qui semble écrite par un licencieux
ès-lettres.

25 juillet 1898.

Au risque de passer pour rabâcheuse, il me
faut encore revenir sur le Prix de Rome (celui
des musicos, s'entend), pour laver les concurrents de l'inique reproche qu'on jette (en une
Revue d'ordinaire moins platement déférente envers l'Institut) à ces pauvrets, « incapables d'a-
voir rien su tirer de l'excellent poème de M. Paul
Collin, *Radegonde* ». Excellent? Elle est verte,
celle-là !

Je sais bien que la confection est malaisée de
ces « scènes lyriques », toutes obligatoirement
taillées sur le même patron ; mais, enfin, personne n'est forcé de se livrer à un tel travail
sous peine de prison, n'est-ce pas? Eh bien! je
ne comprends pas qu'on fasse une pareille ouvrage (comme on dit dans le monde), à moins
que les geôles n'imminent ! Notez que je ne connais le poète (?) de la chose ni des lèvres ni des
dents, et que je me fiche en général des cantates
comme de Paul Collin-Tampon, mais, vrai, *Radegonde* dépasse la permission ! Elle a beau

mettre en scène l'évêque Médard, elle ne m'a
pas plu.

Tenez, mes petits pères, savourez ces sucre-
ries, et dites-vous qu'elles sont débitées à Radegonde par le sauvage roi Clotaire, meurtrier,
luxurieux, une de ces bêtes féroces déchaînées
devant lesquelles il n'y a qu'à fuir au cri de :
« Fauve qui peut ! »

> Revenez à la cour qu'attriste votre absence,
>   Revenez près de votre roi ;
> Nous nous courberons tous sous votre obéissance,
>   Vos désirs seront notre loi.
> Souhaitez-vous le luxe et la splendeur des fêtes ?
>   Revenez à la cour
>   Et régnez, car vous êtes
>   Reine de puissance et d'amour.

Au sixième siècle ! En 540, ce verbiage lé-
nitif-pommadin-glycérineux ? Pouah !

*
* *

Mes lecteurs m'écrivent beaucoup, depuis quelque temps ; ça me flatte, mais ça me gêne un
peu, parce que toute fatigue intellectuelle est
contraire au traitement d'Uriage (dont les eaux
purgatives me donnent la fièvre scarlatrine) ; or,
la plupart des questions à moi posées exigeraient
une contention cérébrale dont je me déclare incapable.

Telle la lettre, fantaisistement adressée « au

bourreau des mauvais musiciens » dans laquelle on m'interroge sur « la constitution de la phrase musicale pendant la période médiévale »... Diable ! Je ne suis pas très compétente, mais, si j'en crois Bordes et Georges Houdard, ces frères ennemis, — *neumes* dites pas que non, — la phrase musicale contre-pointée sur la mélodie grégorienne déformée rythmiquement, mais rigoureusement mesurée prolation par prolation, est libre dans son développement, point astreinte aux exigences de notre « mesure » moderne... Voilà. J'ajoute que je repousse, indignée, toute assimilation avec le Deibler dont la devise est « Frappe mais écourte ! » celui qu'admirent certains peintres pour ce qu'il possède la science des raccourcis.

*
* *

Une dame, que je me plais à croire callipyge, et qui signe « Une Amazone », — soignez votre giberne, — me demande de la renseigner sur les rapports de la Musique et des Lettres. Comme ça ? Tout de suite ? Il y faudrait un volume, ma chère. Pour aujourd'hui, réfléchissez sur l'admirable définition de Stéphane Mallarmé : « Que la Musique et les Lettres sont la force alternative (ici élargie vers l'obscur, scintillante là) d'un phénomène, le seul, je l'appellerai l'Idée ». Que si vous ne me comprenez point, correspondante aimée, contentez-vous des proses perpétrées par Gaston Lemaire, compositeur douceâtre qui, en son *Petit National*, devient agressif, se Matamorphose!

*
* *

Et, pour finir, je veux faire mien un Avant-Dire où, parlant de celui qui ouvre les portes hospitalières de la salle Pleyel à tant de musiciens, on constate avec raison qu'en accordant libéralement droit de cité aux « artistes » dignes de ce nom si impudemment galvaudé, en s'ingéniant pour leur faire la part la plus large, Gustave Lyon exerce une excellente influence sur le goût de ceux que les cénacles encore mal guéris du vocabulaire romantique continuent d'appeler « les Bourgeois »... Baudelaire, lui, dédia l'un de ses Salons aux Bourgeois, car cet aristocrate savait bien que le Bourgeois, c'est la foule à éclairer, à guider, à convertir.

Paix aux bourgeois de bonne volonté! Travaillons à purifier leur goût, à leur insuffler la haine du vulgaire. Ils finiront bien par comprendre que la musique n'est ni un art d'agrément, comme le prétendent les Stendhaliens attardés, ni un art de désagrément, comme pourraient le faire croire les œuvres de certains compositeurs zolistes, mais un Art!...

1er août 1898.

Ça ne pouvait pas manquer ! Parce qu'il écrivit aux promoteurs du monument à César Franck une lettre de protestation, rageusement, voilà M. Saint-Saëns nasardé par des nigauds rétrogrades, de louanges compromettantes auxquelles ce très distingué musicien aurait mérité d'échapper. Ils sont là deux ou trois jobards qui bavent d'extase devant le « courage » du compositeur de *Javotte*, assez héroïque pour refuser d'honorer le maître « dont les élèves, à ce qu'il prétend, font courir tant de dangers à la musique française ». C'est donc si difficile de dire ce qu'on pense ? Je ne l'aurais pas cru.

M. Saint-Saëns a grandement tort de s'imaginer que les franckistes mettent son Art en péril ; mais, puisqu'il se l'imagine, il a grandement raison de le dire, et le publiciste malchanceux qui s'écrie : « Je prédis à M. Saint-Saëns les invectives de l'Ouvreuse... » prouve ainsi que toutes les bourriques n'ont pas reçu le don qui distingua celle de Balaam... Tout de même, le protestataire de l'Institut doit trouver certaines niaiseries laudatives étrangement gênantes, celles, par exemple, du musicographe, plutôt incompétent, qui signe *Lydio* ce couplet bafouilleur : « M. Saint-Saëns signifie à ces Messieurs (*quorum pars minima...*) qu'il est pour Mozart contre les néo-wagnériens; il leur signifie qu'il est pour l'inspiration contre la science aride; il leur signifie que les plus savantes harmonies ne sauraient prévaloir contre une mélodie inspirée; il leur signifie... » Lâchez-nous donc le coude, mon garçon! ça ne « signifie » rien du tout.

Quelqu'un a dit, excellemment : « Les belles harmonies et les belles mélodies sont également le produit de l'inspiration... On a cherché à répandre cette idée que l'harmonie était le produit de la réflexion, de la science, et que l'inspiration n'y était pour rien : la vérité, c'est que les vrais musiciens trouvent les belles harmonies, comme les belles mélodies, spontanément, sans que la science ait rien à y voir ». Le nom de ce quelqu'un ? Précisément M. Camille Saint-Saëns.

Je pourrais citer d'autres textes encore, rappeler que Wagner écrivit un jour : « La musique n'est que mélodie », Wagner qui porta sur Mozart des jugements admiratifs que les caudataires de M. Saint-Saëns ne seraient même pas fichus de comprendre; je pourrais aussi relever quelques injures que Lydio me décerne, mais elles sont si pataudes que je les laisse pour compte à l'ydio en question.

Mozart! Si j'avais un peu de temps à moi, je rechercherais dans le coin de mes livres aimés — ceux que je ne lave pas chez Gougy — *Beethoven et Wagner*, un volume où Wyzewa, wagnérien de la première heure, analyse avec une sagacité ibsénienne le charme de Mozart, « le poète », comme il l'appelle, « celui qui sait toujours exprimer ses sentiments, si intenses qu'ils soient, en beauté » (je cite de mémoire)... Mais je n'ai que le temps de tuyauter mon bonnet rose et de filer sur Roanne où m'ont conviée les organisateurs d'un grand Concours international de musique, m'assurant que je serais la roanne, pardon, la reine de cette fête... Vincent d'Indy va présider. Il m'embrassera peut-être ? Tais-toi mon cœur !..

Le paradoxal ouvrage de Tolstoï, *Qu'est-ce que l'art ?* manuel d'esthétique anarchico-réactionnaire, continue à passionner. Dukas étudie dans la *Revue hebdomadaire* ce bouquin incohérent où le Très Beau coudoie l'Inepte, où l'auteur, après nous avoir, avec une lucidité admirable, montré la scission de jour en jour plus profonde entre le peuple et les artistes qui, vu l'épuisement des sentiments universels, sont contraints d'exprimer des sentiments de plus en plus compliqués, bientôt intelligibles à la seule élite, où l'auteur, dis-je (je vous défie de lire ma phrase tout haut sans reprendre haleine), où l'auteur prétend que « la compréhension immédiate de l'œuvre d'art est en raison directe de sa valeur »; ce qui est bien l'assertion la plus maboule !...

Ah ! l'application de ce joli principe nous mènera loin ! Ainsi M. Emile Pessard, critique musical, ne comprend rien, mais là, rien, au splendide *Fervaal*... A en croire Tolstoï, cette intelligence prouverait que le drame de Vincent d'Indy est de « mauvais art ». Allons donc ! Appliquer le suffrage universel à l'esthétique, c'est préparer le règne des chromos, des refrains de beuglants. — Va ressemeler tes savates, petit père !

15 août 1898.

Dimanche dernier, toute la France jouait du cornet à piston. Oncques ne sévirent tant de concours de musique. Sous le ciel en feu s'envolaient, par milliers, les « Fantaisies sur le *Trouvère* ». On marchait dans le Laurent de Rillé.

Conviée à Dijon (où il m'eût été si doux de me rendre, baronne Arlette), à Nîmes, à Roanne, — on se m'arrache, je vous dis, — c'est dans l'alerte et industrieuse sous-préfecture de la Loire que je transportai mon bonnet rose, mon bon vouloir et mon ardente joie de retrouver, dans le jury du concours, Vincent d'Indy, Louis de Serres, Pierre de Bréville, avec Octave Maus, séduisant délégué brabançon, tous enthousiasmés, comme moi-même, de l'hospitalité charmante des Roannais, et des douces collines environnantes, revêtues de velours smaragdin... « Roanne Forez vert ! » comme disait un cor anglais qui avait absorbé beaucoup de vin français.

Car on consomme avec énergie, lors des concours de musique ! Je serais nauséeusement ingrate de ne point conserver souvenir de certain cru local, le Beautéran... Ah ! mes enfants, quand il a passé, c'est comme si on avalait le bon Dieu en culotte de velours ! D'ailleurs, Edmond Deschaumes m'avait déjà vanté ce nectar, prolixement :

> On a parlé de sa gloire
> Chez Deschaumes bien longtemps !

Et Roanne boit volontiers, Roanne œnophile autant que musicomane, Roanne prodigieusement pavoisée où parmi les arcs de verdure arrondissant leurs souhaits fleuris de bienvenue sur nos têtes, à côté des trois clefs de *sol*, de *fa*, de *do*, une quatrième se balance, au souffle des *Marseillaises*, clef qu'aucun solfège n'enseigne : « la clef de la cave ! »

Mais qui célébrera congrûment les vins d'honneur et les cuites d'honneur, les concurrents aussi nombreux que les étoiles ou que les bons articles dans le *Journal de Roanne*, le discours véritablement exquis du président Chassain de la Plane et le pompiérisme irrésistible de tel laïus… (ça devait se produire toast ou tard), les fifres vrillants et les estudiantinas qui gratouillent, l'ouverture d'*Egmont* additionnée de trombones que Beethoven n'avait pas prévus, et la « Lyre de Carouge » interprétant le beau chœur de M. Verchère, le *Chant du Tournoi*, avec assez de maëstria pour être classée la première dans ce tournoi du chant ; l'impassibité de Vincent d'Indy acceptant de laisser intercaler entre deux parties de son trio, un peu sévère pour l'endroit, des chansonnettes comiques ou soi-disant telles, et notre vif plaisir à entendre, accompagnée par l'auteur (sur un piano qui ne sortait pas de chez Pleyel, hélas !), une charmante élève d'Engel, Mlle Hatto, avec laquelle je ferais volontiers un petit voyage, en hattomobile ou autrement ?...

*
* *

Puisque des gazettes départementales, scrupuleusement découpées à mon intention par le *Courrier de la Presse*, s'obstinent à reproduire le niais article où les wagnériens sont accusés de « mépriser » Mozart, on me permettra de bien rappeler les pages d'un petit volume où l'Ouvreuse, en collaboration avec le cher Alfred Ernst, dit jadis sa tendresse pour la *Flûte en-chantée* telle qu'on la joue actuellement en Allemagne, telle que M. Albert Carré nous la rendra peut-être, sous la forme presque familière qui fut sienne tout d'abord, dans son atmosphère primitive de gaieté toute viennoise — *Wiener Lust* — gaieté sentimentale, enfantine même, où la noblesse des grandes pages religieuses s'exalte plus puissamment.

On aimerait voir la *Zauberflœte* d'autrefois, mise en scène par son propre librettiste, ce Schikaneder échappé du *Roman comique*, mais d'un Roman comique plus atténué, plus fade et qui serait au premier ce que la bière est au vin. Je voudrais qu'on ne nous épargnât ni le serpent empaillé de la scène initiale, ni les plumes de perroquet de Papageno, ni aucune des platitudes du texte, plus savoureuses en leur touchante bêtise que toutes celles que la traduction française leur substitue... Les souvenirs me reviennent en foule d'une audition de la *Flûte enchantée* à Munich, à la fois intelligente et naïve ; et je retrouve, embaumés de leur fragrance première, ces refrains si charmants, frais boutons cueillis par Mozart aux haies vives de la chanson populaire allemande, épanouis en fleurs précieuses au souffle de son génie. « *Der Vogelfænger bin ich ja !* — Le charmeur d'oiseaux, me voici... » Comme l'aimable mélodie s'applique bien au maître lui-même, et comme nous comprenons qu'elle soit revenue un peu plus tard, pendant les heures dernières — innocent adieu

le la vie — sur les lèvres tremblantes du mou-
ant !

22 août 1898.

L'ami Camille Bellaigue esquisse les sil-
iouettes, joliment enlevées, des quatre kapel-
meister allemands, qui sont venus apporter aux
Parisiens la bonne parole musicale : Richard
Strauss, Weingartner, Mottl et Richter, quatre
virtuoses de l'orchestre. « On comprend — dit-il
fort bien — que la musique, où domine de plus
en plus la symphonie, ait désormais pour interprètes obligés, au lieu de chanteurs, des chefs
d'orchestre ; que ceux-ci la représentent ou la
symbolisent et qu'elle soit contenue en eux... »
(C'est évident, trop évident pour que je continue
la citation.)

Sur l'interprétation, effroyablement belle, de
la *Symphonie avec chœurs* par Hans Richter,
le musicographe de la *Revue des Deux Mondes*
fait quelques réserves (et il a bien tort), mais il
admire à plein (et il a bien raison) la façon dont
fut conduit le *scherzo* ; ah ! je n'oublierai jamais
cette soirée au Châtelet, et tout ce public transformé, écoutant, baba d'extase, les rythmes en-
dormis se réveiller tour à tour, sur un geste de

la main de Richter, pour s'envoler frémissants...
(Ici, pillons Camille !) Ce *scherzo* tout entier fut
une perpétuelle illumination, l'éclosion continue
et scintillante de milliers de lueurs et de feux.
S'il est vrai, comme on l'a raconté, que Beethoven ait trouvé ce rythme en voyant s'éclairer le
soir les maisons de Vienne, jamais sa vision ne
fut mieux rendue que par Richter. Sous chaque
touche du bâton qui semblait une torche, un point
brillant jaillissait, et l'orchestre à la fin n'était
plus qu'un immense semis d'étoiles...

Encore un souvenir délicieux, celui de la lutte
entre Weingartner et Mottl conviés par Chevillard pour conduire au Cirque d'Été, à quelques
jours de distance, la Symphonie en *la* ; palsam-
bleu, Messeigneurs, la belle passe d'armes !
Pour ma part, je n'hésite pas à trouver que le
final beethovenien, sous la direction du jeune
Berlinois, assume une nervosité, une intensité
rythmique plus saisissantes que ne sait lui en
donner le kapellmeister de Carlsruhe ; aussi
bien, l'œuvre est assez largement belle pour justifier deux interprétations diverses. Bellaigue
évite de prendre parti pour l'un ou l'autre chef
d'orchestre, et se contente de décrire, mais
comme il décrit bien ! Oyez : « La figure de ce
finale est double : par le mouvement circulaire,
il est un tournoiement ; il est un conflit, une con-
tradiction, par la terrible accentuation du temps
faible. »

M. Weingartner a surtout accusé le premier
caractère. De ses mains légères, arrondies, il a
pour ainsi dire fouetté le finale ; il l'a fait mous-
ser, écumer à gros bouillons. Mais les mains qui
précipitaient le tourbillon sonore le contenaient
aussi, le ramenaient au centre, l'empêchaient de
déborder et de se répandre. M. Mottl, au contraire, a surtout appuyé sur le contretemps ; écra-
sant les syncopes, entre-choquant les rythmes,
il a pris comme à tâche d'aggraver encore le
poids énorme, toujours soulevé, mais retombant
toujours, auquel son jeune rival se faisait un jeu,
presque une joie, de nous soustraire.

Quant à M. Richard Strauss, c'est plutôt un
compositeur qui dirige ses œuvres qu'un chef
d'orchestre ; et son poème symphonique : *Todt
und Verklærung*, l'emporte de beaucoup sur
le pénible *Roi Lear*, de Weingartner ; à vrai
dire, je n'ai pas gardé un souvenir très précis de
cette œuvre touffue où M. Strauss décrit, avec
une luxuriance parfois déroutante, la lutte de la
mort contre la vie, lutte âpre et terrible que des
souvenirs de jeunesse, des songeries d'ambition
et de gloire rendent plus déchirante...

Oublions les agaçantes précisions exigées par
le programme de *Todt und V.*, etc ; ne nous laissons pas distraire par le souci de donner un sens
à chaque groupe de notes ; l'œuvre se déve-
loppe, avant tout musicale : un thème tourmenté
(la Mort) s'expose dans une longue période où

domine le ton d'*ut mineur*, un second motif,
d'accalmie, lui succède, en *sol majeur*; puis le
premier reparaît, se métamorphose à l'infini, se
mêlant au second ou se heurtant contre lui,
pour, enfin, se magnifier, rayonnante apothéose,
tandis que, dans l'orchestre triomphant, éclate
le ton d'*ut majeur* qui, victorieusement, domine
l'œuvre entière...

*
* *

Je ne sais pas le chinois; si je m'avisais de publier une grammaire chinoise, on me trouverait
idiote. Mais personne ne songe à tancer M. Géars
qui, sans connaître une note de musique, consacre une insolente plaquette à Berlioz, toute
fourmillante d'inexactitudes matérielles et de sinistres gaffes. Je m'amuserais à l'éplucher s'il
faisait moins chaud. L'auteur a tort de s'imaginer qu'il suffit de s'appeler « Gears » pour faire
« loi ».

30 août 1898.

D'une lettre que m'envoie l'excellent musicien
genevois Jaques-Dalcroze, j'extrais ces lignes,
délestées de quelques épithètes trop cares-

santes dont les adorna ce compositeur sensuel :

« ... Au lieu de pâmer, comme une carpe, sur le sable, vos blondes boucles défrisées, vous essuyant le front avec les brides de votre bonnet rose, que ne parcourez-vous la Suisse en ma compagnie sur les lignes de celles d'icelle ? Faulenseebad, nid de forêts verdoyant entre deux bleus, le bleu du ciel et le bleu du lac de Thoune, Faulenseebad, — le Bain des flemmards, quel nom inviteur ! — voici la station alpestre, aux fraîches retraites ombreuses, où nous aurions installé notre nid. Et, de là, nous aurions couru le pays, la main dans la main, l'alpenstock dans l'autre, lyre en bandoulière et gourde en poche... Vous, vous auriez embelli de votre chère présence les fêtes, si caractéristiques, de nos villages et, vous mêlant aux paysannes encore parées aujourd'hui des mêmes atours que portaient leurs mères lors des premiers jours de l'Indépendance helvétique, vous auriez, gente Ouvreuse, senti confusément vibrer l'âme de la Suisse primitive... »

Chère jolie Suisse que n'ont pu réussir à gâter ni les Anglais, ni les Suisses, ni les Français (la pire des races en voyage) ! De la terrasse à l'italienne où j'écris ces lignes, je vois le jour tomber doucement, et Glion s'obscurcir, et le château de Chillon s'estomper dans la brume ; le lac s'irise de toutes les couleurs de l'arc en ciel (thème en *sol bémol* de *Rheingold*), un divin

« alpenglühn » illumine les montagnes ; des filles passent en chantant sur la route...

*
* *

Le compositeur de *Fervaal* collabore avec Euripide ; je vous dirais bien, à propos de sa *Médée :* « jasons », mais le calembour est aussi vieux que la Toison d'or. Si vous saviez à qui l'auteur a imaginé de dédier sa partition, non, c'est trop drôle ! Vous rirez bien quand on vous révélera ce secret plein d'imprévu.

19 septembre 1898.

Ce n'est plus le 1er janvier, paraît-il, que les tardifs gâcheurs de plâtre livreront leur bâtisse à M. Carré : le pauvre directeur ne recevra pas, pour ses étrennes, cet Opéra-Comique décevant (brûlé en 1887, ne l'oublions pas !), bien heureux s'il y peut entrer le quinze ! Et même, si vous voulez toute ma pensée, je crois qu'il en prendra possession sans être « bien heureux » pour cela. Car je prévois des déboires.

Les défenseurs de l'architecte — et il faut que cet homme lent compte pas mal d'amis pour n'être pas plus rudement houspillé dans la

presse… et ailleurs, — les partisans, dis-je,
de *Bernierus cunctator* ont fait grand état d'un
article où Louis Gallet, poète confiant, s'est plu
à chanter le los du monument nouveau, les statues de Falguière et Mercié installées au péris-
tyle, les panneaux de Flameng et Luc Olivier-
Merson, les plafonds de Maignan et Benjamin-
Constant, les rampes en fer forgé, les mosaïques,
enfin tout, y compris l'exactitude du construc-
teur. Je ne blague pas ! L'aimable librettiste raconte avec une conviction touchante comment le
contrôleur principal des bâtiments civils, M. Ba-
chellery, lui déclara d'une voix calme et ferme
(*sic*) : « Dès octobre, le chef d'orchestre montera
à son pupitre ». (Si jamais tu te risquais à tenter ça, mon vieux Messager, ce que tu rece-
vrais des plâtras sur le caillou, c'est rien de le
dire !)

Cette blague, débitée « d'une voix calme et
ferme », l'excellent Gallet l'avala avec une can-
deur qui doit nous mettre en défiance sur le
reste de ses assertions, incurablement optimistes.

La vérité, c'est que les côtés de la scène, entre
le cadre du rideau et le mur latéral, comptent
tout de suite 3 mètres 50 de large, ce qui « pourra
rendre difficiles certaines évolutions de la figu-
ration et des chœurs ». (J'te crois !) On peut
même affirmer que cette étroitesse interdira de
monter tout ouvrage exigeant une certaine mise

en scène. Alors, quoi? Tout le temps la *Dame blanche*? Ah! pitié!

Si, du moins, nos compositeurs en prenaient prétexte pour écrire de beaux drames « intimes », des comédies musicales comme *Fidelio* (sans plus), car enfin, tous les musiciens de bon sens (combien sont-ils?) approuvent Paul Dukas quand il déclare trouver beaucoup plus de drame poignant dans le *Déserteur* de Monsigny, par exemple, que dans une foule de grandes machines contemporaines.

O Carré! ô Messager! Gratifiez-nous, pour nous consoler de ne plus voir *Fervaal*, gratifiez-nous d'une reprise de la *Flûte enchantée* intelligente et soignée ; car vous n'écoutez point, n'est-ce pas? ces snobs mélomanes, légitimement honnis de Wyzewa, qui croient s'affirmer wagnériens en méprisant Mozart. Chère *Zauberflœte*, plus chère parce qu'Alfred Ernst m'en révéla les beautés hautes, alors qu'il célébrait, enthousiaste, le prodige de cette musique grâce à laquelle la stupidité de la fable, compliquée des niaiseries maçonniques chères à Schikaneker (et, il faut le reconnaître, au compositeur lui-même), s'ennoblit jusqu'au point de toucher au mystère et d'évoquer à notre esprit des symboles! Les sottes aventures de Tamino et de Pamina deviennent la périlleuse ascension des âmes, à travers les embûches de l'erreur, les séductions et les menaces du vice, jusqu'à la ré-

gion supérieure de la Vérité et de la Bonté ! Et,
parallèlement, comme une transposition de l'action poétique dans le monde familier, les amours
de Papageno et de Papagena traversées des
mêmes obstacles, égayées de rires, de plaisante-
ries, de mimiques bouffonnes, sont pourtant sau-
vées de toute bassesse par le prestige vainqueur
de la musique...

3 octobre 1898.

Les mélomanes se gourment. Ici, Gustave
Robert, abrité derrière la *Revue illustrée*,
charge Pierre de Bréville et lui assène sur le chef
(d'orchestre) des thèmes de Franck que l'assailli
pare avec le *Mercure de France*. Ailleurs, l'officier d'Instruction publique Constant Pierre
tiraille contre l'officier de territoriale Julien
Tiersot, qui, il faut le dire, s'était fort imprudemment découvert : n'avait-il pas avancé qu'un
hymne révolutionnaire de je ne sais quel Gossec
fut exécuté le 4 février 1794, à midi? A grand
renfort de preuves, son adversaire établit que
Paris entendit cette musique sans-culotte non
point à midi, mais bien à onze heures cinquante-
neuf; ah mais ! Moi-même, infortunée, j'écope
dans les grands prix. Fagus, sous le tegmine

de qui je ne suis pas près de recuber, me cherche
pouilles dans son *Colloque sentimental*, d'abord
parce que je ne suis point zoliste (on n'est point
parfaite), ensuite parce que j'ai, à l'en croire,
traité sans pudeur, autant dire de pieds, en

> ... mes proses justicières
> Théodore Dubois, Joanni Perronnet,
> Salvayre (?), Machindor, G. Lemaire, Joncières,
> Et jusqu'à ce sommet musical : Massenet !

Bref, partout la discorde. Comme disait l'autre
la Musique est un art d'Agrament.

J'oubliais le plus épatant ! Un collaborateur
du *Monde musical* (Zollinger est son nom) pul-
vérise Wagner, cet individu dont les facultés
créatrices sont « manifestement indigentes » (il
s'agit de l'auteur de *Parsifal* et non de son pul-
vérisateur), être surfait « comme l'Allemagne en
produit par milliers » ; ses meilleurs opéras —
c'est-à-dire, pour M. Zollinger, le *Vaisseau-
Fantôme*, *Tannhæuser* et *Lohengrin* — ses
meilleurs opéras (je cite sans changer un mot)
« se composent d'éléments hétéroclites, de fac-
teurs disparates, de réminiscences flagrantes,
et d'inspirations apocryphes » sans parler d'épisodes « oiseuses ». Et, par-dessus le marché,
Wagner a chipé tout ça dans l'héritage d'un
nommé R..., mort dans la débine, et dont il a
noyé les mélodies « dans un fatras d'inutilités
composées d'un style prolixe et fastidieux ». Ce

serait un travail « oiseuse » que de citer davantage. Et pourtant, j'aimerais reproduire la suave analyse de *Lohengrin* « qui se termine d'une façon plutôt gaie que triste » surtout pour Elsa. O Zollinger, c'est vous qui êtes plutôt gai !

A regret, je laisse l'ineffable *Monde musical* pour vous parler un peu du monde musical, sans italiques. On s'y occupe des « nouveautés » déjà nombreuses. M. Tenarg (pseudonyme bigrement difficile à percer) publie les *Cahiers d'un faux Don Juan* où il risque une glose copieuse, et intéressante aussi, de la neuvième Symphonie. M. Lichtenberger consacre à Wagner un solide volume, infiniment supérieur aux broutilles coutumières dont les mercantis du wagnérisme nous encombrent. La maison Hachette se met à publier de la musique et lance les *Fées*, de Pierre de Bréville (paroles ordinaires, mélodie exquise), éditées avec un chic tout particulier.

Je m'en voudrais toute ma vie, et même plus tard, de ne pas vous citer quelques lignes sur Bizet, cueillies à mon intention par l'ami Destranges dans une feuille que je n'ai pas besoin de dire méridionale : « La musique de *Carmen* a la teinte du pavillon espagnol : couleur de pourpre et couleur de flamme, et, si je puis m'exprimer ainsi sans faire cabrer les puristes (ils ne se cabrent pas, mon bon, ils se tordent), il me semble que Bizet, après avoir amoureusement mordu les lèvres de grenade de quelque ardente Andalouse pour écrire *Carmen*, a trempé sa plume·dans le sang des taureaux ! »

Bravo, toro ! Bravo, journalisto !

10 octobre 1898.

Prague va mettre en répétition l'*Armor*, (l'Armor est enfant de Bohême), de Sylvio Lazzari et Jaubert, pour lequel le directeur Neumann se met en frais, somptueusement, en emballé qu'il est : « *Armor, Armor*, quand tu nous tiens, on peut bien dire : Adieu, prudence! » Quant aux Anglais, en attendant de nous filouter Fachoda, ils s'annexent Fauré : Leeds vient de réaliser une splendide exécution de la *Naissance de Vénus*, sous la direction de l'auteur, chargé de conduire une masse vocale de quatre cents voix, quarante violons, etc., le reste à l'avenant (ben! mon Gabriel, tu avais de l'ouvrage !). Accueil incandescent ; toutes les personnes de mon sexe délirant d'enthousiasme; une petite amie de là-bas me dénonce certaines promenades du compositeur acclamé, promenades nocturnes en compagnie d'une miss byronienne, sous les pâles rayons de *the night's lover-loving queen*...

Fauré, lui, trop galant homme pour conter ses bonnes fortunes, trop modeste pour parler de ses triomphes musicaux, n'entretient ses amis que des interprétations « bouleversantes » de la *Messe* de Bach, de la Symphonie avec chœurs, du *Stabat* de Palestrina, qu'il vient d'entendre là-bas. « Voilà, m'écrit-il, voilà où en arrivent les Anglais, avec leur coquine de volonté et leur respect quasi religieux de la musique. Nous pourrions faire aussi bien en France, si... si nous avions cette énergie, cette patience, ce désintéressement, cette discipline, indispensables à de tels résultats. » Ben oui ! mais c'est des denrées qui ne se trouvent pas dans nos pauvres chapelles et sous-chapelles !

*
* *

J'ai été assez audacieuse pour insinuer que les concerts parisiens trottinaient indéfiniment dans le même cercle, et je me suis déclarée un peu lasse d'ouïr, chez le Patron, toujours la péroraison du *Crépuscule des Dieux*; chez M. Colonne, toujours la *Damnation de Faust*. Pour cette audace, une revue musicale me tance : « L'ouvreuse germanophile connaît-elle donc beaucoup d'œuvres symphoniques de jeunes? ou d'étrangers? j'entends œuvres dignes d'être présentées au public parisien? Elle serait bien aimable de nous les indiquer. »

11

Voilà qui est galamment dit. Quand on me prend par la douceur (ou par la taille), on fait de moi tout ce qu'on veut. Donc je m'exécute : si un chef d'orchestre veut s'adresser à Vincent d'Indy, à Ernest Chausson, à Guy Ropartz, à Pierre de Bréville, à Sylvio Lazzari, à vingt autres « jeunes », je lui fiche mon billet que ces messieurs lui sortiront de leurs tiroirs plus de musique symphonique qu'il n'en pourra jouer dans sa saison. Quant aux compositeurs étrangers, voyons, c'est une pataude niaiserie de soutenir qu'ils ne produisent rien qui vaille de nous être montré. Bien d'être patriotes, mais évitons de nous montrer par trop gourdes ! Pour l'accusasation de « germanophilie », je m'en soucie comme de mon premier corset Hygie (le seul rationnel !).

Rien que dans le trésor russe, on peut — on doit — puiser à pleines mains ; pensez-vous, pour avoir entendu cet élégant Vereschaguine musical, *Dans les Steppes*, connaître Borodine ? De Richard Strauss, dont, au Châtelet, nous avons applaudi *Mort et Transfiguration*, n'êtes-vous pas curieux d'ouïr la grande symphonie *En Italie* ? Que du moins (puisque son nietzschéen *Also sprach Zarathustra* est décidément trop abscons pour des cerveaux welches) nous puissions comparer sa vision d'Italie à celle de Gustave Charpentier ! Et les œuvres flamandes ? Nous les ignorons de fond en comble, aussi bien le *Fran-*

ciscus de Tinel que la *Guerre* de Peter Benoît.
Jouez les Russes, chefs d'orchestre parisiens,
jouez les Allemands, jouez les Belges, jouez
même les Français (si vous êtes en veine d'audace)! jouez les bons et les douteux, jouez-les
tous! L'Art reconnaîtra les siens!

17 octobre 1898.

Où fêter la réouverture des concerts? Entre
Colonne, promettant les *Variations symphoniques* de Franck, et Lamoureux, affichant (pour
la première fois en France) les *Fées*, mon cœur
balançait, tiraillé par une indécision digne des
« derniers bateaux » de la musique en leurs réso-
lutions de dissonances, ces bons petits jeunes
qui ont des cheveux longs et des idées courtes,
ramasseurs des mégots fumés par Claude-Achille
Debussy, contempteurs de Beethoven, « ce pom-
pier », et qui Chopinent de mièvres tripotis alla
Grieg pimentés de quelques fausses relations sur
lesquelles Fauré pourrait toucher des droits
d'auteur... Mais laissons ces daims avantageux;
on les retrouvera.

Donc, après avoir douloureusement buridané
entre les deux concerts, je me suis décidée à tâter
des deux. Et j'ai commencé par Édouard.

Mazette ! ce qu'il a bien fait les choses ! Un riche décor fermé, trop riche peut-être, avec du dor dessus, enclave l'orchestre où manque Longy (dont l'absence se fait sentir pendant la « Scène aux Champs » de la *Fantastique*), mais qui, Dieu merci ! recèle encore le délicieux violoniste Thibaud et sa voisine Mlle Dellerba, laquelle, renonçant à ses cheveux courts de petit page, se coiffe maintenant avec la correction dont ne saurait se départir un premier prix du Conservatoire. Sur six cartouches, des noms de compositeurs étincellent. Comment se fait-il qu'on ait oublié Gaston Lemaire ?

Immense succès pour les deux virtuoses en vedette, Pugno et Sarasate ; le premier pleyèle avec toute son âme d'artiste les *Variations symphoniques* de Franck, dont il exalte encore de lyrisme, dont il érotise encore la tendresse ; quelles pages lumineuses ! Et, dans cet enthousiaste finale où les deux thèmes se rejoignent et s'enlacent, quelle flamme de passion étincelle ! Seulement, dame, cette musique doit surprendre un tantinet les personnes défraîchies qui en sont restées aux variations de leur jeune temps, variations sur un seul thème à compartiments égaux, si rasantes ! Laissons-les regretter leur jadis et remercions notre Pugno.

Dans la jolie *Symphonie espagnole* de Lalo, Sarasate triomphe. On vocifère des acclamations justifiées par cette impeccabilité, ce son transparent, ce sautillé un peu petit, mais qui porte admirablement. Après d'innombrables rappels, le señor gigonne une Danse bohémienne de son cru. C'est un grand artiste. Et jamais il n'accorde son violon trop bas, fichtre non !

Peu d'incidents ; on lorgne beaucoup les figures connues, notamment Mmes Roger-Miclos et Berthe Marx, MM. Delsart, Armand Parent, Félix Faure, Saint-René-Taillandier. On apporte au malin Colonne une lyre dorée, haute comme Mme de Montalant ; et puis on la remporte. Dans la coulisse sévit le marteau d'un menuisier qui devrait bien se mettre en grève. Filons !

Au Cirque d'Été, lumineux, bondé, sénégalien, on me dit que la symphonie en *ut mineur* a été dirigée par Chevillard (remplaçant le Patron qui s'est endommagé une jambe) avec une maëstria qui a soulevé l'enthousiasme, et une souplesse de mouvements qui a inquiété quelques tardigrades figés dans la tradition d'Habeneck. L'emballement du public était tel qu'il a fait une ovation au tenorino Gogny, qui a bêlé, cependant, la *Procession* de Franck aussi médiocrement que possible. (Pour la soixante-neuvième fois, je rappelle aux faiseurs de programmes que Brizeux n'a jamais écrit : « Aux cantiques *des hommes*, oiseaux, mêlez vos chants ! » Vielé-Griffin exultait de ces treize pieds, d'ailleurs.) Quant à l'Ouverture des *Fées*, non, non ! A écouter ce balbutiement wagnérien avec une telle attention que mes frontaux se contractaient en manière de pleins-cintres romans, j'ai fini par y reconnaître une modulation que l'auteur a recollée plus tard dans le machin des fiançailles de *Lohengrin*, et j'ai encore salué au passage certain contour chromatique descendant que nous avons revu depuis dans un duo du *Vaisseau-Fantôme*, dans le septuor de *Tannhæuser*, dans le « Viens respirer » de *Lohengrin*; mais, franchement, ce n'est pas assez pour légitimer le féctihisme de cette exhumation. Je me fiche pas mal de voir les langes dans lesquels un grand homme a déposé ses premiers petits pipis!

Contrastant avec l'accueil glacial fait aux *Fées*, une tempête de bravos salue l'exécution du grand duo initial de la *Gœtterdæmmerung* magnifiquement conduite. La belle Lina Pacary y est tout bonnement épatante; et quelle jolie gaine mauve brochée de blanc, la moulant à souhait pour le plaisir des yeux (où y a de d'la gaine, y a du plaisir! disait ce polisson d'Hartman). Quant à son partenaire, au risque de contrister les fervents amis que comptait dans la salle ce Siegfried à la manque, je puis leur affirmer que jamais il n'entendra rien de rien à cette musique-là... *Lasciate Gogny speranza!*

Un monde fou! Impossible, faute de place, de citer une seule personne de mon sexe, pas même l'excellente Rosine Laborde. Parmi les musiciens petits et grands, Albenitz, Benedictus,

Bardac, Bretonneau, Bachelet, Carraud, Duparc,
Doret, Léon Delafosse, Galeotti, Geloso *Junior*,
Alexandre Georges, Jossic, Lenormand, Pfeiffer,
Samuel Rousseau, Silver, Schneklud, Henri de
Saussine ; puis le député Ribot, Lugné-Poé qui
laisse pousser sa barbe ; l'emparadisé George
Vanor, l'aventureux Pierre Veber et Blowitz,
pitre sinistre qui fait songer au titre du splen-
dide roman de Pierre Louys : *L'infâme et le
Pantin.*

24 octobre 1898.

RENAISSANCE. — *Médée*, musique de M. Vincent d'Indy,
pour la tragédie de M. Catulle Mendès.

La partition adjointe à la tragédie de M. Catulle Mendès vaudrait qu'on parlât d'elle moins
compendieusement que je ne puis faire ici, car la
musique de scène de M. Vincent d'Indy a ceci de
particulier qu'elle est de la musique. Au lieu de
s'épancher en ces trémolos à toute fin, souligne-
ments trop aisés dont tant de compositeurs — je
dis des plus huppés — ont usé jusqu'à l'écœurement, l'auteur de *Fervaal*, dédaigneux des formules fluentes, a solidement construit ses pré-
ludes sur de robustes thèmes développés avec la

science harmonique et la maîtrise orchestrale
dont il est coutumier... Je citerai particulièrement
le prélude nimbant d'harmonies argentées l'attente de Médée debout sous la lune qui

> Verse à la Terre et vers Thétis mélodieuse,
> Vierge à l'urne d'onyx, sa pâleur radieuse.

ainsi qu'une farouche Incantation à Hécate, pleine
d'épouvantements.

De prochaines auditions au concert permet-
tront d'apprécier la haute valeur de cette musique,
plus aisément qu'il ne nous fut donné de le faire,
hier, au théâtre de la Renaissance, dont certains
instrumentistes n'ont pas laissé que d'inquiéter.
Sous l'attentive direction de M. Guerra, bois et
cuivres n'ont mérité que des louanges, mais des
exécutants se sont rencontrés qui semblaient
prendre à tâche de s'affirmer, selon le mot appli-
qué aux femmes par l'auteur d'une *Médée* anté-
rieure à celle de M. Mendès, *kakôn pantôn tek-
tones*, experts en toutes sortes d'horreurs.

28 octobre 1898.

Toujours faire la navette entre Colonne et le
Patron, quelle scie ! Des lecteurs qui s'intéressent à ma petite santé m'écrivent d'opter chaque

dimanche pour le Châtelet ou pour le Cirque, au lieu d'user ma fortune en sapins et mon tempérament en coryzas, sauf à envoyer au concert où je ne vais pas « un ami sûr ». J'entends bien. Mais « un ami sûr », où ça perche-t-il? où donc que j'y coure ? Tenez, l'année dernière, cramponnée par un musicastre suisse mais raseur, je fus assez nigaude pour lui concéder ma loge de la Société des Concerts (alors à l'Opéra), sous la condition expresse qu'il me rapporterait un compte rendu impartialement fidèle... Il jura et courut au Concert. Moi, connaissant le fiel du paroissien, je m'arrangeai de façon à m'installer à l'Opéra, en sondeuse, pour ouïr, sans être aperçue de mon suppléant, une partie de la séance : je vis une salle bondée jusqu'au cintre, j'entendis des bravos unanimes... et je reçus du compatriote de Guillaume Tell, deux heures plus tard, un *petit bleu* contenant des appréciations au vitriol : « Ma chère Ouvreuse, dans la salle, à peine une douzaine d'auditeurs qui ont sifflé tout le temps, etc., etc. » Le gaillard avait voulu, lui aussi, me faire prendre l'Helvétie pour des lanternes. Depuis ce jour-là, je me défie des amis sûrs, surtout de celui-là qui prétendait m'aDoret.

Avant de vous parler de Chevillard, laissez-moi vous dire encore un mot de la musique écrite par Vincent d'Indy pour la *Médée* de Catulle Mendès : elle est simple, très simple,

encore que certains confrères, de qui la trompe
d'Eustache s'obstrue de parti pris, en aient regretté la « complication ». Le Prélude du premier acte recèle, essentiellement, deux thèmes
se rapportant à Médée, l'un (en *fa*), plutôt en-
chanteur, vu que la dame était enchanteresse de
son métier ; l'autre, résolument faux, car cette
criminelle suait la fausseté. Quant à Jason, il
forniqué généralement dans les dièzes ; je ne
suis pas folle de son motif d'amour qui chante au
deux, mais, au même acte, quelle adorable petite
Berceuse, et ramenée avec quel art au moment
du crime (par les pianissimos des bons trombones) pour endormir les enfants de Médée dans
la mort ! Enfin, ce que je préfère, c'est le Prélude du troisième acte, l'attente de Médée sous
les rayons de la Lune sa mère ; le thème solaire
(vous n'ignorez pas que la magicienne est fille de
Phébus) se refroidit, bleuit et s'allonge comme
une ombre lunaire... c'est épatant !

N'empêche que M. Francisque Sarcey écrivait
hier soir, dans le *Temps :* « C'est de la grande
musique dont il fallait jouir. J'y ai fait loyalement
tous mes efforts ; mais je suis réfractaire ; l'Ouvreuse pensera de moi ce qu'elle voudra. » Ça,
mon oncle, vous pouvez en être sûr ! Seulement, ce que je pense de vous comme musicien
je le garde pour moi, parce que je vais publier
ces jours-ci un roman : *Un vilain Monsieur !*
et que, dame ! je n'ai pas envie d'être traitée

par vous comme une simple Yvette Guilbert.

Aux concerts, maintenant ! Commençons par le Cirque. Chez le Patron, pardon, chez le gendre, c'est toujours à peu près les mêmes têtes ; je ne vous redéfilerai donc pas ce chapelet de noms d'habitués une fois de plus, me contentant de noter la présence d'une exquise brune, élégante comme une phrase de Pierre Louys, Mme de X..., qui me supplie de ne pas la nommer. (Convenu. Entre femmes, faut se soutenir. Elle a sans doute négligé de prévenir ce pauvre de X... qu'elle assisterait au concert en compagnie d'un officier de cavalerie. Et dire que le précité de X... va lire cette « Lettre d'Ouvreuse » sans se douter qu'il s'agit de sa femme ! C'est drôle, tout de même, la vie !) Beaucoup d'avocats ; Maître Devin est celui qui me donne le plus gros pourboire ; beaucoup de médecins aussi, parmi lesquels je remarque surtout le docteur Béclere qui me trouve un peu maigrie !... Peu de peintres ; je n'ai guère reconnu que le postraphaélite Anquetin, le portraitiste Della Sudda à qui je demanderai de me pastelliser dès que j'aurai hérité de mon vieux membre de la cour de cassation.

Chevillard a dirigé en perfection la petite Symphonie de Mozart (n° 36), tant soit peu maigrelette, écrite en une soirée pour être jouée le lendemain chez le comte de Thun et qu'on ferait mieux de laisser tranquille (dût cette opinion me faire excommunier par Teodor de Wyzewa qui s'est épanoui d'extase pendant l'adagio).

Dire que je supportais, jadis, *Penthésilée !* Ces quintes rudes m'amusaient encore, et cette monotone galopade de la musique insoucieuse de commenter les finesses du texte de Mendès, et ce saut (d'obstacles) de treizième mineure, devant lequel la reine des amazones risquait de faire panache ! Aujourd'hui, ce qu'elles me laissent froide, ces laborieuses âpretés de pion épateur ! Il y a surtout vers la strophe d'accalmie, *Les festins te plaisaient après les chocs d'épées*, un doublement de la voix par l'alto solo, sous une tenue suraiguë des violons, cependant que la flûte gargouille là-dedans des notes tout à fait étrangères à la question. Ah ! mes enfants, plutôt que d'entendre une fois encore ces abominations, j'aimerais mieux embrasser Blowitz. Pour dédommager la savoureuse Lina Pacary de chanter ces choses, on lui remit un bouquet de chrysanthèmes du même ton que sa robe. — Ensuite M. Diémer joua, comme il sait jouer, deux énormes cadences de Saint-Saëns auxquelles il se plut à entremêler le *Concerto en sol* de Beethoven. — Et, avec la même commisération que dimanche dernier, nous ouïmes la voix moribonde d'un ténor à toute extrémité et ses râles d'aGognye.

Au Châtelet, M. Théodore Dubois conduit son

deuxième concerto ; Pugno l'exécute et le public
y va de ses quatre rappels, séduit (surtout les
dames) par un lento en *ré* bémol, si j'ai bonne
mémoire, ainsi que par la cadence initiale du
finale, idoine à donner la trouille aux pianistes
moins chouettes que l'ami Raoul. — Puis, sur le
pleyel double de Gustave Lyon, couleur café au
lait, le Pugno ci-dessus, adjuvé de Lucien
Wurmser, tricote deux valses, un peu cohue, de
Chabrier, et un scherzo de Saint-Saëns après
lequel j'aurais donné la croix de ma mère pour
entendre un demi-ton vrai ! — Enfin Sarasate fait
merveille dans le *Caprice* de Guiraud. Remy,
Parent, Delsart, tous l'acclament, mais, entre
nous, je l'ai souvent trouvé plus d'attaque dans
les sons harmoniques. Dame, nous sommes tous
mortels !...

31 octobre 1898.

THÉATRE DE LA MONNAIE. — *L'Or du Rhin*, drame lyrique
de Richard Wagner, traduit par Alfred Ernst.

D'après la légende des *Eddas*, refondue par
Wagner, dieux, géants et nains se partagent
l'empire du monde : les dieux, soumis à Wotan,
occupent les hauteurs du Ciel ; les géants ont

pour demeure les Montagnes, les nains (Nibelungen) habitent les entrailles de la Terre. Au début du drame lyrique — on pourrait dire de la féerie musicale — dont MM. Stoumon et Calabresi viennent de gratifier les Bruxellois, en avance sur l'Opéra de Paris une fois de plus, la scène représente le fond du Rhin dans les eaux vertes duquel s'ébattent les trois ondines, gardiennes de l'or qui scintille au sommet d'un roc. Femmes, par conséquent bavardes, elles ont eu l'imprudence d'apprendre au Nibelung Albérich que le possesseur d'un anneau forgé avec l'Or du Rhin parviendrait à la domination universelle. Édifié, le nain arrache du roc le métal magique et s'enfuit.

Cependant Wotan a fait construire un burg merveilleux, le Walhall, par les géants Fafner et Fasolt auxquels il a promis, en paiement, Freia, dont les fruits enchantés conservent aux dieux une jeunesse éternelle. Ils emmènent la douce déesse, et voici que les dieux pâlissent, s'affaissent, accablés. Si bien que Wotan, accompagné de Lôge, le subtil et fourbe dieu du feu, se décide à descendre dans la souterraine demeure d'Albérich pour lui enlever son or et le donner aux géants en échange de Freia. Au Nibelung, ils ravissent ses trésors, et jusqu'à l'Anneau de toute-puissance que le nain dépouillé charge d'un terrible anathème (qui atteindra les successifs possesseurs de cet anneau maudit). Les

deux géants rendent Freia aux dieux rajeunis,
se partagent les richesses rapportées par Wotan, et comme ils se disputent la possession de
l'Anneau, la malédiction d'Albérich reçoit un
premier et soudain accomplissement : Fafner
assomme son frère d'un coup de massue ! Une
stupeur s'étend sur les dieux remplis de dégoût,
mais le marteau de Tonnerre, avec un fracas
joyeux, dissipe les nuées, l'arc-en-ciel offre aux
dieux sa courbe étincelante et, dans l'air purifié,
fiers d'un burg qu'ils pensent indestructible,
tous s'avancent vers le Walhall que Wotan
salue d'un chant solennel, tandis que, de la vallée, s'élève la plainte des Filles du Rhin pleurant
l'Or perdu.

Grâce à la traduction, admirable de finesse et
de robustesse wagnérienne, d'Alfred Ernst (terminée, et même gravée, avant la mort de notre
ami), les auditeurs du théâtre de la Monnaie
pourront, pendant de nombreuses soirées, je
l'espère, entendre les paroles chantées par
Seguin-Wotan, toujours plein d'autorité, Lôge
où Imbart de la Tour se montre cauteleux à
souhait, et Dufranc plein de sauvagerie tragique
dans le rôle d'Albérich, le voleur volé, écumant
de rage impuissante. Une Russe, mademoiselle
Illina, prête à la sombre Erda le métal de sa
voix généreuse ; enfin l'orchestre, sous l'intelligente direction de M. Flon, s'affirme plein de
souplesse et de vigueur,

Des spécialistes de Bayreuth on fait de leur mieux pour implanter à Bruxelles les *trucs* exigés par Richard Wagner. Ils méritent, en tout cas, les applaudissements de tous ceux qui savent l'inouïe difficulté de telles réalisations scéniques. Mais quel machiniste nous représentera jamais, en l'éblouissement d'une fête gigantesque, selon le poème de Wagner, selon la musique de Wagner, — et selon notre rêve à nous, — la courbe irisée de l'arc-en-ciel jeté sur la vallée du Rhin comme un pont de splendeur où s'engage la troupe des dieux pour pénétrer au Walhall nouveau que caresse l'or du couchant? Et comment nous donner jamais l'illusion des trois Filles du Rhin ondulant en leur nagée gracieuse, avec des prestesses de poissons, à travers les récifs qui hérissent la pénombre céruléenne du fleuve, cependant que leur hymne de naïve allégresse célèbre l'Or inviolé dont l'éclat vierge fulgure aux lueurs de l'aurore ?

Espérons que, le jour où l'Opéra daignera s'occuper de *Rheingold*, ses machinistes se distingueront. Car enfin l'Opéra aurait tort de croire indéfiniment que la *Walkyrie* constitue toute la Tétralogie wagnérienne à elle seule.

3 novembre 1898.

Evidemment, Mme Berthe Marx joue beaucoup mieux que moi ; elle joue même fort bien, à ne considérer que son mécanisme qui, dans la *Gigue*, de Scarlatti, lui a valu un succès à tout casser. Mais quel vilain style ! Pourquoi lécher ce *Rondeau* de Schubert jusqu'à en effacer le coloris ? Pourquoi bousculer la *Fantaisie* de Chopin (op. 49) jusqu'à la rendre incohérente ? Pourquoi déviriliser l'étude en *ut* de Rubinstein, toute en effets de « staccato », et que la pianiste-aux-cheveux-courts fignole avec un tel parti pris d'édulcoration que le musicographe Pougin, lui-même, doit s'en être aperçu ?

Si, pour jouer un quatuor à cordes, de Beethoven (op. 135), vous choisissez quatre artistes comme Sarasate, Parent, Van Waefelghem et Delsart, vous serez certains, n'est-ce pas, d'obtenir une exécution époilante ? Eh bien ! pas du tout : le début a traînaillé ! Explique qui pourra comment une omelette de quatre œufs frais peut sentir le couvi ; moi, je ne suis pas assez savante.

Hier, au Châtelet, pour les *Fêtes du Jubilé* (non, ce que c'est « smart ! »), M. Jules Massenet — n'oubliez pas son prénom, il y tient beaucoup — opérait lui-même devant un public dont M. Crozier réglait, protocolairement, les bravos discrets ; Mmes Rosine Laborde, Roger-Miclos, Emma Calvé, Augusta Holmès étaient là, et puis des tas d'élèves de Massenet (pas tous, il aurait fallu dix Châtelets pour les contenir), MM. Büsser, Reynaldo Hahn, Silver, Gaston Lemaire, enfin une très belle salle.

J'avais songé, d'abord, à profiter de l'occase pour silhouetter cette gloire sexagénaire, pour proposer comme modèle aux jeunes arrivistes ce commandeur de la Légion d'Honneur, de qui chaque mélodie rapporte autant qu'une ferme en Beauce, et leur prôner l'exemple d'un musicien né pour l'Art, mais qui, courageusement, sut lui préférer le succès et, insoucieux de l'avenir, se contenter d'une réputation viagère... A quoi bon ? Suivons la foule, plutôt, rengainons notre fifre, et empruntons au livre dithyrambique d'Eugène de Solenières, le vibrant conférencier de l'Institut Rudy, quelques éloges de choix : si j'en crois cet ardent panégyriste, M. Massenet (Jules) serait « charmeur comme une Parisienne, assoiffé d'ambition, de gloire et de richesse, possédé du désir de sacrifier à la mode du jour... et spécialiste des excitements (*sic*)... » Il n'y a pas d'erreur, c'est un massenetolâtre qui parle ainsi ; zuze un peu si c'était un juge impartial !

Mais, nom d'un bonnet rose ! l'Ouvreuse fut moins rosse envers « ce maître » le jour que, se demandant pourquoi tant de belles mains faisaient craquer leurs gants à force de l'applaudir, pourquoi tant de haultes et honnestes dames faisaient écrire par lui les opéras qu'elles

composent, elle se répondait : On l'aime parce
que, dans sa musique, frémit la sentimentalité
vicieuse qui plaît à nos demi-mondaines (et
même, dirait Jodelet, à nos mondaines tout en-
tières). Cette salade de coccinelles et de chapelles, de mondanité et de rêve, d'érotisme et de
prière, enchante les Athéniennes de la troisième République... Ah ! si vous les aviez vues,
hier, les vieilles massenetteuses (la jeune génération se croit wagnérienne), si vous les aviez
vues la gorge en émoi, les yeux révulsés, les
dents crissantes, pâmées sous l'insistante caresse
mélodique d'*Esclarmonde !*... Le malheur,
c'est qu'elles composaient une minorité ardente,
mais infime, et que la majorité du public, malgré
l'exemple donné par M. Théodore Dubois, avait
l'applaudissement nickelé.

Mon Dieu oui ! Pas un *bis* hier, pas un ! Ni le
jeune Thibaud dans la méditation de *Thaïs*
(méditation de cocottes qu'a du vague à l'âme),
ni Mlle Pacary dans l'*Extase de la Demi-
Vierge*, ni les copulations du violoncelle et de la
clarinette *Sous les Tilleuls*, ni ces chromos de
Mage d'Epinal, rien n'a été redemandé. Il est
loin, le temps que me rappelait Stoullig, le temps
où les auditeurs de l'Hippodrome, frénétiques à
l'audition du *Roi de Lahore*, brisaient les ban-
quettes... Mais où sont les sièges d'antan ?

Ce *Mage !* Quand je pense que tout le fragment lancé hier par M. Vergnet à la va-comme-

je-te-pousse avait été, avant d'être enrichepiné, composé sur des paroles de Paul Collin sous le titre *Apollon aux Muses :* « Heureux celui dont votre aile En passant aura touché le front ! » disait Phébus, et le prophète nul, Zéroastre : « Heureux celui dont la vie Pour le bien aura lutté toujours ! » Adorable exemple de l'Art d'accommoder les *vestes,* murmurait Joseph Montet, normalien aigu.

Engluée dans ces sentimentalités visqueuses du Châtelet, je n'ai pu me dépoisser à temps pour entendre, au Cirque d'Été, la symphonie en *ut,* composée par Schumann alors qu'il relevait de maladie, enviable convalescence, « retour à la vie » moins tapageusement romantique et plus musical que celui de Lélio : après un exorde mystérieux, le *Scherzo* pétille de grâce renaissante, et si le finale est raté, cela prouve que la santé est moins inspiratrice, partant plus triste, que la souffrance. (Vous savez, je n'en crois pas un mot.)

Aperçu, à la sortie, Mohammed-Amic, prophète d'Allah-Dagnan-Bouvent, la belle Sorel austèrement vêtue de velours noir, Mme Raunay, tous faisant l'éloge de Mme Litvinne qui a chanté en allemand et à l'allemande, tous proclamant l'absolue maîtrise de Chevillard. — Ça fait plaisir.

7 avril 1898.

Odéon. — *Déjanire*, musique de M. Camille Saint-Saëns, pour la prose rythmée de Louis Gallet.

Depuis longtemps, le souci hante M. Camille Saint-Saëns d'écrire « sur des thèmes nouveaux de la musique antique » ; c'est notamment à propos de l'*Antigone* de Vacquerie qu'il a tenté ces reconstitutions simili-archaïques (quelque peu arbitraires) où se complaît son talent, érudit plutôt qu'inspiré. Dans la partitionnette de *Déjanire*, il a emprunté aux modes grecs avec discrétion, mais sa réserve dans l'emploi du chromatique, du moins au cours des deux premiers actes, mais la fréquence des unissons, mais la solidité froide de l'écriture montrent assez que, les yeux fixés sur Gluck, l'auteur de *Javotte* a pensé, cette fois-ci, ressusciter pour nous la manière de l'auteur d'*Alceste*. D'analogues régressions sollicitent toujours certains esprits : sur la foi de Ponsard, toute une génération affamée de bon sens n'a-t-elle pas tenu *Lucrèce* pour une pièce cornélienne ? Mais venons au détail.

Le premier Prélude n'est que la reproduction — sans aucune modification rythmique ni tonale — du début de la *Jeunesse d'Hercule* ; de bons chœurs suivent, sonores, mais qu'un parti pris d'unisson rend ennuyeux. Passons rapidement sur un autre Prélude (développement du thème d'Iole) agrémenté d'oppositions des cordes et des bois, agréables mais trop prévues ; négligeons une petite invocation à Pallas, douceâtre comme un cantique de Lambillotte, et louons l'Introduction du troisième acte, tragique à souhait, ainsi que l'Hymne à Eros, page d'un gros effet terminée par un *ut* de Mlle Pacary qui suscite les bravos.

Assez développé, le cortège du quatrième acte, traité par M. Saint-Saëns avec sa coutumière habileté instrumentale, aboutit à un brillant retour du motif de la « Jeunesse d'Hercule ». Quant au chant dansé : *Au son des flûtes de Phrygie*, ponctué par les cymbales des figurantes, il nous ramène aux plus aimables jours de la musique grecque telle que la comprenaient, sous l'Empire, les auteurs à qui la France doit *Philémon et Baucis*, la *Belle Hélène* et d'autres menus chefs-d'œuvre.

Les choristes chantent juste. A côté de Mlle Pacary qui se dépense, récompensée par un vif succès, M. Gogny ténorise avec nonchaloir un Epithalame qui ne présente, à la vérité, rien de très excitant. Sous la direction de M. Colonne, capellmeister toujours enclin aux accélérations de mouvement, mais indéniablement adroit, un orchestre fort nombreux — et tel

qu'on le souhaiterait à la *Médée* de Vincent
d'Indy — sonne à ravir.

12 novembre 1898.

Au Cirque d'Été, foule compacte, malgré la
pluie qui a transformé le sol des Champs-Elysées
en caramel mou (toujours mauvais), malgré la
féroce majoration du prix des places, malgré
l'allure comminatoire d'un « Avis » informant que
l'audition du premier acte de *Tristan et Yseult*
durera quelque chose comme trois heures et que,
pendant ce laps, il sera défendu d'entrer, de
sortir, d'éternuer ou même de penser à autre
chose. Tant pis ! C'est smart d'ouïr ce concert,
tout le gratin s'y presse ; eux, mirant leurs
moustaches mélancoliques dans le huit-reflets
posé sur leurs genoux ; elles, indolemment
rêveuses, emmitouflées dans l'astrakan ou la
smart-zibeline. Et le bon poète Emile Goudeau
entonne leur los :

Assis dans leurs fauteuils, chagrins, mais obstinés
    A subir les vêpres laïques,
Les chers snobs, prêts à la torture, ont mis le nez
    Dans des programmes héroïques.
Sous le regard des grands critiques forcenés.

Les grands critiques, forcenés ou non, c'est... (attention, il y en a un petit dans le tas, cherchez !)... c'est Louis de Fourcaud, Samuel Rousseau, Alfred Bruneau, Catulle Mendès, Edouard Schuré.

J'ai placé tout mon monde, la princesse Bibesco, la comtesse Potocka ; j'ai entendu applaudir l'ouverture d'*Egmont*, siffloter une niaise *Elégie* pour cordes de Tschaikowsky ; j'attends le prélude de *Tristan*, et je songe...

Je songe que, le jour où Lamoureux donna, primeur alors suspecte, ce premier acte de *Tristan* au Château-d'Eau, le Père Franck, toujours affamé de musique nouvelle et qui mourut sans avoir pu amasser de quoi s'offrir un pèlerinage bayreuthien, le Père Franck demanda au curé de Sainte-Clotilde la permission de vêpres et courut au concert, muni de sa partition d'orchestre, sourd aux conseils aigres-doux de certains collègues qui le suppliaient « de ne pas se compromettre ». Je songe que Bourgault-Ducoudray, avant d'avoir trouvé à Wagnéropolis son chemin de Damas, ne cachait pas sa répulsion pour *Tristan* ; je songe que Saint-Saëns en a toujours déclaré barbares certains passages ; je songe à Reyer confessant qu'à la première lecture de la partition il éprouva « cette folle rage de l'enfant qui, désespérant d'apprendre la leçon qu'on lui a donnée à étudier, trépigne et pleure, ferme son livre avec colère et le jette bien loin de lui... » je songe à Berlioz qualifiant le prélude : « Morceau sans autre thème qu'une sorte de gémissement chromatique, mais rempli d'accords dissonants, dont les longues appogiatures augmentent encore la cruauté ».

Je songe à tout cela, et je me sens prise d'admiration, envahie de respect pour ce public « nullement préparé » (comme disent les escamoteurs) et qui, gaillardement, déclare dès l'abord lumineuses, faciles à saisir, étonnantes, ma chère, ces pages d'éperdu lyrisme devant lesquelles hésita la compréhension de tant de musiciens. M. Théodore Dubois ne quitte pas sa partition des yeux, Gabriel Marie suit sur des parties d'orchestre, gens qui, pourtant, ont quelque raison de s'y connaître ; mais les auditeurs chic, eux, s'éventent avec leurs programmes, sucent leur canne ou se repoudrederizent d'une houppe discrète, selon le sexe, n'écoutent pas, et trouvent *Tristan* tout à fait bien. (« Ça a beaucoup de cachet », décrétait Suzanne de Lizery).

Admirables auditeurs ! L'absence du geste dramatique ne les gêne pas, rebutante ici plus que dans toute œuvre wagnérienne, puisque les vagues orchestrales bondissent en même temps que devraient bondir l'un vers l'autre Tristan et Yseult, puisque les brusques sursauts de la mélodie correspondent aux à-coups de la passion ; rien ne le heurte, ni les déroutants italianismes qui percent dans la **luxuriante** forêt symphonique des trouées soudaines, ni le silence ahurissant des hautbois qui devaient penser au gagnant d'Auteuil, ni l'alto donnant à découvert (pendant la strophe de Brangaene offrant le philtre d'amour) des notes aussi fausses que les articulations du vicomte (?) de (?) Royer. Public français, public de braves, l'Ouvreuse te gobe !

Mme Litvinne, supérieure, Mme Brangaene-Marty, MM. Cossira et Bartet, fort bons, sont applaudis. On acclame Chevillard qui a conduit en maître, en grand maître.

Cependant, chez Colonne, Jules (*O ces reflets du lustre Sur la tonsure illustre !*) Jules Massenet continue d'écouler les rossignols de la maison Heugel. Pendant la *Suite pour orchestre* (1864), point inférieure aux massenetteries subséquentes, et plus sincère, se constate un joli effet pittoresque produit par la rupture d'une chanterelle ; le hasard a toujours servi les grands hommes, témoins la pomme de Newton, la pomme d'Adam, etc., etc.

L'extase de la *Vierge*, je la connais : « Ah ! chéri, je vois les anges ! » Si c'est ça le mysticisme, suffit de s'entendre sur le sens des expressions. Dans Zarastra, M. Vergnet se montre fort bon (tout arrive). Quant au compositeur, il tape sur l'épaule de Baretti et de Terrier après *Sous les tilleuls*, il tape sur le dos de Thibaut après la *Méditation de Thaïs...*

Ah ! le compositeur du *Mage* se connaît en tapes !

14 novembre 1898.

Hier, au Nouveau-Théâtre, la deuxième matinée-Colonne a galamment réussi. Le brun César Geloso (frère du romantique violoniste) et une pianiste aux doigts agiles, Mme Monteux-Barrière, ont perlé sur le pleyel double de Gustave Lyon, salués de vifs applaudissements, un morceau de bravoure où le divin Mozart, à côté de maints « brillants », a déposé quelques formules.

J'avoue ne pas comprendre pourquoi, possédant un orchestre, le capellmeister Colonne, au lieu de lui faire jouer la « Fée des Alpes » de *Manfred*, nous en donne une réduction pour piano. « Si j'ai ma bonne amie sous la main, disait Barrucand, je ne vais pas m'amuser à embrasser sa photographie ! » (L'auteur du *Pain pour tous* est rempli de bon sens.) Il est vrai que, possédant un piano (et quel !), M. Colonne, au lieu de s'en servir pour nous faire entendre les pièces de Schumann pour pédalier, préfère les exécuter avec l'orchestration de M. Théodore Dubois. Toujours le système des compensations !

D'ailleurs, comme les pianistes sont excellents,

et l'instrumentation de M. le directeur du Conservatoire aussi, il n'y a que demi-mal.

18 novembre 1898.

Au Cirque, pendant que Chevillard, très en forme, dirige la Symphonie en *ut* du vésanique époux de Clara Wieck, wiecktorieux dans le lied plutôt que dans la musique orchestrale, je lis sur le programme que nous distribuons : « Quand Schumann esquissa cette œuvre, il se trouvait dans un état de souffrance physique... » Plus irrévérencieuse, je dirais : « C'était pour endormir ses rhumatismes qu'il composait ce *sostenuto* au chloral. » Evidemment, la Symphonie en *ut*, comme les autres, regorge de talent ; évidemment l'*Adagio* murmure, obombré de grâce pensive ! mais quoi ! à moins qu'un ordre exprès du Président ne vienne, je persiste à en trouver l'instrumentation balourde ; aussi bien, l'ami Soubies pense de même, que je pige, indiscrète, en train de griffonner sur son carnet ce jugement sec : « Harmonie serrée, curiosité un peu intempérante dans le rapprochement et le mélange des timbres, manque de pondération dans la sonorité... » J'en lirais davantage si le caustique Stoullig ne m'arrachait à cette prose vespertine en me disant : « Prends garde, mignonne ! tu soubies une influence dangereuse. »

De M. Auguste Chapuis, auteur du *Crépuscule* que nous venons d'ouïr pour la première fois, je ne connaissais guère qu'une *Enguerrande* (poème de Bergerat, tripatouillé par Wilder), dont le séjour à l'Opéra-Comique fut bref, et quelques mélodies sur des vers de Darzens, ex-poète devenu riche (car l'avenir est à qui perd ses vers). Son *Crépuscule*, d'orchestration adroite, n'a recueilli que des bravos discrets : un thème contemplatif, au début, est chanté par les bois, évoquant le calme apaisé d'un crépuscule ; puis l'heure se fait mystérieuse ; dans la forêt, des formes imprécises semblent se chercher ; Gérardy, ce Heine français, dirait :

> On croit voir approcher une princesse frêle
> Avec un bruit de pas si peureux et si grêle...

Et la flûte roucoule dans le grave, arabesquée de traits de violons, et l'orchestre cherche à s'emmendelssohner, avec « des pizzicati en dehors des cordes », pour parler l'idiome de Hugues Imbert. Puis le thème initial revient, la Nature verse son charme troublant au cœur de l'homme ; il s'émeut, songe à la vanité des serments, à l'envol des promesses, au mensonge qui fleurit sur les lèvres aimées. Tout n'est que rêve, et le public n'applaudit pas beaucoup.

Mais voici qu'on apporte un grand Pleyel à queue, le deuxième concerto de Saint-Saëns et Mme Roger-Miclos...

> Suggestive et si belle en pleplum smaragdin,
> Qu'on la doit admirer sous peine d'être un daim.

Archiconnu, ce concerto en *sol mineur* ; je vous informerai donc, sans autres détails, que le public en applaudit également *l'Andante* de forme classique, ressemblant à Beethoven comme Luce de Lancival à Corneille, le *Scherzando* aux élégances d'un cheval bien mis qui fait du pas espagnol, et le fougueux *Finale*, tout ça mené d'un train ! Du quarante à l'heure, chuchotte Pierre Lafitte à Lafreté.

Enorme succès (j'en suis ravie) pour la belle et intelligente Jeanne Raunay dans les fragments des *Troyens*, qu'elle interprète avec une pureté de style, une noblesse et une chaleur admirables, l'inoubliée Guilhen de *Fervaal*. Quelle fière musique, celle de la prêtresse Cassandre prophétisant la ruine de Troie ! La clarinette et les cors redisent avec une funèbre insistance leurs deux appels, qu'un demi-ton sépare, et la fille de Priam annonce les deuils futurs : « Malheureux roi, dans l'éternelle nuit... » prédictions menaçantes qu'interrompt la sanglotante mélodie où Cassandre pleure sur son fiancé et sur elle-même.

Après une nerveuse exécution de la « Chasse

royale » (le corniste Lambert est épatant) et de
l'orage qui pousse dans une grotte commode
Enée et Didon, — n'oubliez pas la petite bonne,
— Mme Raunay reparaît pour chanter le magistral récitatif lyrique : « Je vais mourir », sou-
ligné d'angoissantes répliques de la clarinette
basse ; elle se surpasse dans l'*Adagio : « Adieu,
fière cité...* » que les cors martèlent d'un glas
lugubre ; Didon regarde une dernière fois la mer
indifférente, le ciel qu'elle ne doit plus revoir, et
voici que le souvenir vient l'étreindre de la nuit
ardente où, dans les bras de l'infidèle, elle lançait
vers les étoiles complices son hymne énamouré ;
sur le murmure des altos berceurs, la phrase
languide s'élève encore, défaillante de tendresse :
Nuit d'ivresse et d'extase infinie ! Si vous
n'aimez pas cela, c'est que vous n'avez jamais
aimé, et je vous plains. D'ailleurs, si vous aimez,
je vous plains davantage....

Tonnerre d'applaudissements, rappels, etc.
Sarchi (qui commence à ressembler au citoyen
Jaurès) me montre, dissimulée aux secondes,
Delna, très attentive ; Jacques Blanche m'explique que cette musique est si française qu'elle
en devient virgilienne ; Paul Hillemacher agite
un chapeau frémissant d'enthousiasme ; Salvayre
embrasse Pfeiffer ; Sylvio Lazzari applaudit avec
autant d'ardeur que les habitants de Prague en
ont mis à applaudir *Armor* ; Torchet essaie de
comprendre, tout va pour le mieux.

bras purs) : j'aime l'allegretto joué ainsi, sans
la rapidité illogique affectée par certains véloci-
pédaliers.

M. Diémer tient avec une autorité et une science
merveilleuses la partie de piano, très importante,
de la *Fantaisie avec chœurs*, de forme très
libre, et que l'orchestre a exécutée le mieux du
monde.

J'allais oublier de vous parler d'un Catalan
tout jeune, Joan Manen est son nom, qui a exécuté
avec facilité, et comme en se Joan, le *Concerto*
pour violon, agrémenté de cadences (ô ces dou-
bles sons harmoniques !) plutôt difficultueuses.
Le prospectus qui présente cet éphèbe trans-
pyrénéen s'exprime avec feu : « On peut dire
qu'une étoile se lève, dont l'éclat sera comme
une révélation pour le public parisien. » Mon
Dieu ! oui, on peut dire cela, mais on ferait aussi
bien de ne pas le dire ; ces coups de grosse caisse
sont bouffons !

Très intelligente exécution, très vivante, très
chaleureuse, du treizième quatuor (op. 130) par
Geloso et ses hommes. Mais pourquoi diable un
garçon d'esprit et de savoir, comme Charles
Malherbe, s'amuse-t-il à reproduire sur ses programmes des gloses beethoveniennes, irrémé-
diablement coco, empruntées à Barbedette? Ce
vieux pompon nous explique que Beethoven,
étant sourd quand il composa ses quatuors, les
parsema d'harmonies « sauvages ». Evidemment,

il ne sait pas que la surdité affligeait déjà le génial compositeur quand il écrivait la *Pastorale*.
Mais Malherbe le sait, lui ; alors, quoi? Il y a
des feuilles spéciales pour recueillir ces inepties,
le *Monde musical*, d'autres dépotoirs encore.
Laissez les enfants à leur mère et Barbedette au
Ménestrel.

Pour finir, je ferai remarquer à l'exhibition-
niste Massenet que, suivant l'exemple de bon
goût discret donné par Saint-Saëns, Beethoven
s'est abstenu de diriger l'orchestre.

2 décembre 1898.

La semaine a été bonne, car, de tous côtés, on
clabaude contre l'Ouvreuse, ce qui me met en
liesse : le chef de claque Fagus vitupère mon
style (il n'a pas tort) et déclare Gustave Charpentier plus dramatique que Wagner (il n'a pas
raison !). — Dans une revue départementale, le
pseudonyme *Gourdin* révèle à ses neuf lecteurs
que « l'Ouvreuse est un Ouvreur » ; le voilà donc
connu, ce secret plein d'horreur ! L'Ouvreuse est
un Ouvreur, le Gourdin est une gourde.— Quant
au *Monde musical*, c'est lui l' plus chouett', c'est
lui l' plus beau ; honorons la feuille à Mangeot !

Oui, c'est aujourd'hui seulement que m'est

tombé sous, hum, sous la main, un carré de pa-
pier où j'ai lu ces lignes du *Monde musical*,
vieilles déjà, me traitant (attention !) d' « écri-
» vassier dont le pourpoint (!) est encore tout
» couvert de la boue qu'il a voulu jeter sur nos
» gloires françaises, qui ne cultive les roses
» que pour en parer quelques éphèbes (*sans
» doute Wagner et Berlioz*) et qui, à force de
» vouloir être une Ouvreuse, pourrait bien ne
» plus être qu'une écaillère ». Et allez donc ! Tout
ça parce que je me suis payé la figure d'un Zollinger falot qui, dans ce canard, exposait pâteu-
sement que Wagner, incapable de rien inventer
par lui-même, avait trouvé *Lohengrin*, le *Ring*,
Tristan, tout dans la valise d'un de ses amis.
T'en as du venin, Zollinger ! Quelque jour, il
faudra s'occuper à loisir de cette gazette qui,
rencontrant parfois des vérités inattendues, —
telle l'ânesse de Balaam, — m'appelle « écaillère » parce que je mets le couteau dans celui de
ses rédacteurs qui relève le plus de l'ostréicul-
ture...

Mais laissons cette menuaille et courons aux
concerts. Foule chez Colonne : le brun Léon
Daudet, que j'aime, Rochegrosse aux yeux de
visionnaire, le marquis Paul Braud, Mlle Mante,
fort jolie, et beaucoup de dames fort laides. Tout
le monde acclame le chef d'orchestre du Châtelet,
ce wagnérien de la première heure qui, pour la
première fois en 1880 (ô Mante, où étiez-vous

alors ?) risquait peureusement l'ouverture de
Tannhæuser en fin de séance, après les pizzicati
de *Sylvia*... Que les snobs sont changés ! Aujourd'hui, rien que du Wagner sur l'affiche (je
ne dis pas « sur le programme », on ne l'a dis-
tribué qu'assez tard, par suite d'une gaffe des
typos dont s'excusa Edouard-à-la-voix-onctueuse)
rien que du Wagner, rien que du pâté d'anguilles !

Un peu fouillis, l'exécution de l'ouverture du
Vaisseau-Fantôme, bien inférieure à la souplesse de Mottl et à l'autorité du Patron. — On
bisse le prélude du trois des *Maîtres-Chanteurs* ; Colonne, qui se doutait du coup, l'avait
fait jouer très vite pour ne pas perdre trop de
temps ; ah ! il a le fil ! — Dans la prière de
Rienzi, démodée comme une crinoline, Vergnet
m'embête. — Le cor anglais Bleuzet joue correctement *die alte Weise*, la vieille chanson du berger de *Tristan*, mais sans cette émotion dont
savait l'envelopper Dorel, que n'ont pas oublié
les anciens du Cirque d'Été. — A côté du ténor
qui n'a pas l'air de comprendre un mot de ce
qu'il chante, la réelle intelligence artistique de
Mme Caron brille, plus lumineuse ; pour un peu,
on oublierait les trous de cette voix en démolition.

Cependant, devant un public effroyablement
nombreux, mais où je n'ai guère remarqué que
la marquise de Villeneuve (princesse J. Bonaparte), Maurice Donnay, au masque japonais, le
peintre Paul Mathey, le sculpteur Fix-Masseau,

au Cirque, Chevillard nous offrait une dégelée de Berlioz vraiment pas ordinaire. Y en avait-il ! Y en avait-il !

Dans le trio instrumental (plutôt 1830) de l'*Enfance du Christ*, le jeune Ismaélite Bertrand a flûté divinement. Et Engel a fait applaudir de tous le célèbre « Repos de la Sainte Famille » dans lequel il a su trouver d'ingénieuses sonorités, comme estompées de rêverie, pour la jolie modulation à la sous-dominante, vous savez bien, « les Sacrés Voyageurs quelque temps sommeillèrent... » Quant à l'adorable Jeanne Raunay, elle a retrouvé son triomphe de dimanche dernier dans les *Troyens*... A propos, je voudrais bien qu'un berliozographe compétent, Reyer, ou Adolphe Jullien, ou d'Ortigue, m'expliquât pourquoi, au début de la « Chasse », se trouve textuellement la mélodie *O Magali, ma tant amado*, dont tout bon étudiant provençal régale les brasseries du quartier Latin trois fois par jour au bas mot.

J'oubliais un détail qui vaut son pesant de mélasse. Figurez-vous que, dans le duo de la *Walkyrie*, Cazeneuve chantait la traduction d'Ernst, et Rose Caron celle de Wilder ! Ça m'a rappelé la partie de cartes des *Trente Millions de Gladiator* où Dupuis jouait au piquet contre Berthelier qui jouait à l'écarté.

5 décembre 1898.

13

L'INAUGURATION DE L'OPÉRA-COMIQUE

Laudabunt alii claram Rhodon... et Mitylène, et le plafond impressionnisto-poncif de M. Benjamin Constant ; d'autres diront le los des embellissements (si j'ose m'exprimer ainsi) que purent enfin admirer hier soir, après si longue attente, M. Félix Faure et quelques-uns de ses sujets privilégiés : un lot de magistrats, un choix de gens du monde, une hottée de politiciens, un bouquet d'artistes et même des journalistes, peu nombreux, comme il sied ; ils célébreront les peintures de l'avant-foyer, évocatrices de tel estaminet départemental, et les indigestes pâtisseries blanc et or dont la profusion écrase les loges d'avant-scène, et les cariatides à torticolis sur lesquelles repose le balcon du second étage, et tout cet ensemble de vulgarités cossues, d'ordinaire réservées aux casinos dont le Bernier local a reçu l'ordre de « faire riche » pour ce que la cagnotte n'est point regardante.

Ces peintures, ces sculptures, ces moulures me laissent froid, mais la scène m'intéresse. Or, on a tant donné aux décorateurs qu'il n'est plus resté de quoi aménager la machinerie d'une façon pratique, telle qu'elle est organisée sur plus de vingt théâtres anglais et allemands où les changements à vue permettent de supprimer ces entr'actes crispants dont la durée exaspère les moins nerveux ; moins heureux que les directeurs de Wiesbaden, de Munich, de Darmstadt, M. Albert Carré se trouve loti d'une scène où décors et praticables sont mus à bras d'hommes. Tant pis pour les spectateurs qui n'aiment pas à réintégrer leur domicile passé minuit !

Quant à l'exiguïté de la scène, il s'est trouvé des optimistes pour s'en réjouir, enchantés que, faute de place, le directeur de notre second théâtre lyrique doive d'ores et déjà renoncer à jouer les œuvres modernes exigeant une décoration tant soit peu compliquée. Réjouissons-nous donc, avec André Hallays et Fierens-Gevaert, ces misonéistes, et laissons les regrets aux révolutionnaires comme M. Alfred Bruneau de qui l'intransigeance, hostile au perpétuel déjà entendu, affirme les œuvres de Gounod et d'Ambroise Thomas impossibles au théâtre, trouve navrantes « en leur gaieté idiote » les traditionnelles paysanneries, les histoires de brigands, bref, ce qu'il lui plaît de nommer la livrée servile d'un genre qu'aucun maquillage ne saurait plus rajeunir. Wagner, dont il exaltait jadis l'application à mettre dans l'orchestre l'invisible fatalité des existences et le fin-fond des cœurs, Wagner même lui semble aujourd'hui rétrograde, et sans doute ses préférences vont maintenant au dangereux Vincent d'Indy (n'a-t-il pas comparé *Wallenstein* aux plus belles ouvertures de Beethoven ?)

Nous pouvons certifier à M. Bruneau, porte-parole de l'école avancée, que les auditeurs vraiment français, ceux qui forment l'immense majorité du public de l'Opéra-Comique, ne le suivront pas dans la voie néfaste où il voudrait les engager. A ce sujet, l'expérience de *Messidor* peut servir d'indication précise. Non sans solennité, on avait invoqué le jugement de la foule, de la vraie foule des lendemains de « premières », jugement qui fut assez défavorable pour que la manifestation avortât en quelques soirées... La leçon est bonne à retenir et à méditer !

Mais venons au programme, reçu hier soir avec un applaudissement unanime, sans doute parce qu'il ne comprenait que des œuvres dues à nos compositeurs nationaux, de Méhul à Massenet, en passant par Auber et Bizet ; seul, Berlioz ne fut pas convié à ce gala, où l'on jugea sans doute *Benvenuto Cellini* indigne de figurer à côté de l'Ouverture des *Dragons de Villars* et de la Mosaïque sur *Giralda*.

Réservant son attention pour le chant, le public n'écouta que d'une oreille distraite les diverses Ouvertures conduites par MM. Messager et Luigini : celle de la *Dame blanche*, écrite par Adolphe Adam, aidé d'un harpiste qui avait fourni à Boïeldieu divers thèmes écossais ; celle de *Zampa*, brillante et bruyante ; celle de la *Part du Diable* (un opéra d'Auber bien oublié, qui fait encore recette en Allemagne sous le nom de *Carlos Brochi*) ; celle, enfin, de la *Princesse jaune*, où M. Saint-Saëns mélangea, à doses égales, des tonalités d'Extrême-Orient et des rythmes dont la prestesse délurée ne déparerait pas une opérette de Lecoq.

Dans la « Chanson du Blé », tirée des *Saisons*, de Victor Massé (œuvre pour laquelle le public se montra toujours injuste), M. Fugère affirma une fois de plus sa belle diction large et son émotion communicative ; ce fut un gros succès.

Passons sur un long fragment de *Mignon*, lamentablement vieilli. Le premier acte de *Mireille*, doucement ensoleillé, fourmille d'aimables inspirations dont l'élégance un peu molle a plu, moins, cependant, qu'une valse fâcheuse (ajoutée par Gounod sur la demande de Mme Carvalho) où Mme Thierry lança un *contre-ré* qui rallia tous les suffrages. Mais pourquoi alourdir avec obstination le mouvement du gentil trois-temps où la provençale conte aux magnanarelles sa tendresse ingénue ?

Le tableau du Séminaire de *Manon* (cette belle petite partition qui demeure le chef-d'œuvre de la production massénétique) contient un arioso paterne : « Epouse quelque brave fille », d'une allure prudhommesque dont je crois qu'on aurait peine à trouver l'équivalent chez ce compositeur adroit entre tous ; l'imploration câline « N'est-ce plus ta main » et le duo passionné qui suit furent chantés par Mme Bréjean-Gravière et M. Maréchal avec beaucoup de fougue.

Le chatoyant ballet de *Lakmé*, où Mlle Chasles s'avéra pleine de gracieuse souplesse, avec le deuxième acte de *Carmen*, admirablement mis en scène et dont nous reparlerons lors de la reprise, terminèrent la soirée.

Et, maintenant, tout nous permet de supposer que cette nouvelle salle continuera d'être, comme l'ancienne, le charmant séjour où se donneront tous les rendez-vous de noble compagnie, où se réuniront les ennemis irréductibles de l'influence étrangère, inébranlablement attachés aux us d'antan, obstinés à célébrer le vin, l'amour et le tabac, trilogie délicatement française.

8 décembre 1898.

OPÉRA-COMIQUE. — Reprise de *Carmen*.

Il n'est peut-être pas indispensable, à l'occasion de la reprise de *Carmen*, de découvrir aujourd'hui ce petit chef-d'œuvre tenu par de bons juges, en dépit de son titre modeste d'opéra-comique, pour un des types les plus significatifs du drame lyrique moderne. A l'exemple de

M. Coquard, l'érudit historien de la musique française depuis Rameau, les musicographes de quelque valeur s'accordent à reconnaître l'allure caractéristique des idées de Bizet, et leur musicalité intense, de même que la souplesse de son inspiration courant du plaisant quintette des douaniers au tragique duo final, « en passant par tous les degrés de la grâce, depuis les coquetteries de la chanson bohémienne jusqu'aux tendresses profondes du « Là-bas, là-bas, dans la montagne... »

Il serait injuste de méconnaître le pittoresque des attitudes de Mlle Georgette Leblanc, gitane de la tête aux pieds, et les audaces, souvent heureuses, de son jeu. Contraste timidement grêle à ces robustesses débridées, la grâce de Mlle Guiraudon et sa voix pure ont su toucher un public, cependant maussade, que n'ont paru émouvoir ni M. Beyle, ténorisant avec goût le délicat madrigal « La fleur que tu m'avais donnée... » ni les efforts de M. Bouvet, toréador sans éclat.

Décors ravissants, mise en scène ingénieuse et charmante ; il me semble difficile de faire aussi bien, impossible de faire mieux.

... Et n'oublions pas que Bizet, mort sans connaître le triomphe de son œuvre, fut représenté par la critique contemporaine comme un énergumène « rêvant dans son sommeil fiévreux d'arracher quelques rayons à la couronne du prophète Wagner ».

Des critiques à courte vue, il y en a toujours ; malheureusement les Bizet se font rares.

9 décembre 1898.

OPÉRA-COMIQUE. — Reprise de *Lakmé*.

C'est un des plus jolis poèmes de Philippe Gille. C'est une des plus jolies inspirations de Léo Delibes. Mal à l'aise dans la ferblanterie historique de *Jean de Nivelle*, le spirituel compositeur écrivit *Lakmé* en cette époque de fécondité heureuse que suivit de trop près la période de tristesse et de découragement qui aboutit au fiasco de *Kassia*.

On a fêté, hier, ce diminutif de *l'Africaine*, où Vasco de Gama devient un officier anglais sauvé, lui aussi, par une fille de couleur, qui, abandonnée, s'empoisonne en mâchant une fleur de *datura stramonium*, comme la protagoniste meyerberienne en respirant le parfum du mancenillier. L'entr'acte vrillé de fifres, le coloris quasi oriental facilement obtenu à l'aide de quelques indécisions de tonalité peu déroutantes, tout ce pittoresque aimable a plu, et surtout la luxuriante floraison de cantilènes, dont le célèbre : « Ah ! viens dans cette paix profonde... » reste la plus entraînante.

Mlle Thierry s'est tirée à son avantage des *cocottes*, parfois difficiles, dont se hérisse l'air des Clochettes. M. Clément (Gérald) joue peu, mais chante agréablement, M. Vieuille est un brahmine cotonneux.

Quant aux airs de danse, exotiques de noms, sinon de rythmes (Terana, Rekhta, etc.), ils ont servi de prétexte à l'exhibition d'un ballet longuement et légitimement applaudi.

10 décembre 1898.

Au Cirque, la *Pastorale !* Vraiment, Chevillard, vous rendez la tâche des critiques impossible ! Beethoven lui-même ne trouverait rien de nouveau à écrire sur sa sixième symphonie... Qu'en dirai-je, que je n'aie dit vingt fois ? Composée presque en même temps que l'*ut mineur*, son instrumentation n'est, cependant, pas la même, et comporte en plus une petite flûte (qui siffle à perdre haleine pendant l'orage), en moins un trombone et le contrebasson. J'ajoute, dédaigneuse de ces petits chichis techniques intéressants pour les seuls professionnels, — qui les connaissent moins à fond qu'on ne se l'imagine, — j'ajoute que Beethoven, trop grand peintre pour priser la photographie, et sainement ennemi des minuties descriptives *alla* Haydn (rappelez-vous certaines puérilités des *Saisons*), a inscrit en tête de la *Symphonie pastorale* ce sage avis : « Plutôt l'expression de l'impression reçue que la peinture ». Je sais plus d'un compositeur d'aujourd'hui qui méditerait ces paroles avec fruit, mais les compositeurs d'aujourd'hui ne méditent guère, trop occupés à bêcher leurs confrères, dans des gazettes où l'art du chant tient moins de place que l'art du chantage.

Emportée par mon ardeur beethovénienne, j'oubliais de vous citer des auditeurs, moi qui sais bien, cependant, que ces recensements mondains, Parisiennes mes sœurs, vous intéressent plus que toutes choses. Si je vous découpais, chaque lundi, le *Tout-Paris* en tranches pour les insérer dans mes *Lettres de l'Ouvreuse*, vous trouveriez que « ça a beaucoup de cachet ». Donc, j'ai vu, au Cirque, le comte H. de Saussine (l'auteur de *Perlino*), Louis Schneider (le successeur d'Ernst), Van Waeffelghem (qui cingle vers le Conservatoire de Saint-Pétersbourg exhiber sa viole d'amour), le baron Maurice Vuillet, Alain de Langsdorff, Mmes Henriette Fuchs, d'Arnal de Serres, et pas mal d'autres encore.

Succès pour l'adorable Jeanne Raunay dans *Fidelio*, et pour l'incandescent Engel dans l'*Invocation à la Nature*, et, malgré quelques opposants, pour Vianna da Motta, facies de Japonais, pianiste talentueux dans une *Fantaisie* de Schubert violemment triturée par Liszt.

Mais ce n'était pas le bouillonnant enthousiasme qui se déchaîne aux grandes wagnéries ; songez donc, rien que les *Murmures de la Forêt* pour représenter le Maître, ce n'est pas assez ! Tous les israélites de marque protestaient... Car la colline de Bayreuth est désormais enclavée dans le ghetto, et les juifs monopolisent Wagner, ce qui ne manque pas de gaieté quand on se rappelle la haine qu'il vouait à ces « bêtes de proie calculatrices », lui qui écrivit ces lignes vengeresses : « Improductif par lui-même, le juif excelle à tirer parti de toutes les inventions d'autrui, à trafiquer même des choses les plus sacrées, du besoin d'idéal, par exemple, et du génie artistique. »

J'aurais bonne envie de reproduire le magistral éreintement du Conservatoire paru dans le *Temps*, mais je remets à plus tard mes citations de Lalo ; il ne faut pas crosser Taffanel au moment où il joue la symphonie du père Franck, cette œuvre puissante et profonde du docteur séraphique, de qui le cher Alfred Ernst a pu dire qu'il excellait à développer de larges pensées musicales qui sont parfois de vraies pensées philosophiques et de sublimes élans religieux... Guy Ropartz, Gustave Robert, d'autres encore l'ont analysée en détail ; Hamelle l'a éditée ; Servières en a jugé l'instrumentation « monotone » ; moi je la trouve lumineuse : les opinions sont libres. Qu'est qu'ça fait, pourvu que les cheveux frisent ! (Je ne parle pas des miens.)

Diémer fait acclamer le concerto de Beethoven par toute la salle, sans excepter la loge officielle où se trouve Mme Félix Faure, avec quelques dames et Marcel Proust.

Au Châtelet, grande fête jubilaire, anniversaire de la naissance de Berlioz (11 déc. 1803). Pour la cinquantième fois, Mlle Marcella Pregi chante la *Damnation de Faust* ; je souhaite l'entendre cinquante fois encore, car elle se montre admirable de sûreté et d'émotion communicative, elle si froide, jadis ; à considérer ces progrès étonnants, je me dis que M. Auguez finira peut-être par barytonner congrûment son rôle, qui sait ?

Bouquets, lauriers, bas-relief de Lenoir, très réussi, représentant Berlioz au Concert du Châtelet. (« Encore ! » eût dit Hervé), alexandrins de Jean Rameau clamés par Mlle du Minil avec un tragique accent du Minilmontant (toujours) : « Ame de Berlioz, plane sur nous, laurée » crie-t-elle. Il paraît que cette âme est amenée au Châtelet par « les violons tremblants ». J'en infère qu'elle est... laurée dans l'archet, disait, à la tragédienne lyrique Adiny, la jolie Mante, non loin de la majestueuse comtesse Pétion, ce qui faisait sourire Mme Roger-Miclos et hocher la tête à Mme Rosine Laborde, ainsi qu'à deux cantatrices, Mmes Lise d'Ajac et Jeanne Remacle... Couronnement du buste de Berlioz, apothéose bien réglée, sans emphase désagréable, acclamations, succès.

Le soir, en l'honneur de MM. Colonne et Berlioz, une centaine de mélomanes au moins banquetèrent, parmi lesquels j'ai remarqué les compositeurs Bourgault-Ducoudray, Bruneau, Cahen, Carraud, Chaumet, Chausson, Diémer, Doret, Dubois, Enesco, Gedalge, Guilmant, Hahn, Holmès, Hüe, Le Borne, Lefebvre, Marie, Perilhou, Pfeiffer, Pierné, Thomé et Tiersot... Je dois en oublier! Aimables paroles de M. Théodore Dubois, toast très applaudi d'un fervent abonné du Châtelet, M. Dubasty, strophes pénibles de M. Pierre Barbier, et, pour en finir, remerciement exquis de finesse et de tact modulé par le héros de la fête ; avec quelle ingénieuse modestie il a su, refusant la totalité des lauriers, en détacher quelques branches pour ses concurrents, non, ses collègues... J'aurais voulu que M. Chevillard fût là pour l'entendre, mais M. Chevillard n'était pas là.

12 décembre 1898.

Au Concert-Colonne d'hier, rien que du Mendelssohn ; le public n'a pas semblé trouver que c'était trop, toujours content d'ouïr cette mu sique aux académiques élégances. Pour moi, je me sens vite lasse de cette correction et de ce comme il faut ; foin des bêtes hongres qui trottinent doucettement sur les routes plates !

Du talent, certes, il en eut, témoin sa *Grotte de Fingal,* œuvre d'allure, dont quelques amateurs de vitesse voudraient voir les passages *allegro* courus à toutes (hé) brides, et que l'orchestre a interprétée de manière à réjouir le fils de Mendel père. Mais quelle platitude que ce *giocoso* banal jusqu'à l'écœurement (*felicità ! felicità !*), composé et instrumenté en vingt-quatre heures, nous apprend Charles Malherbe avec une nuance d'admiration ; j'aimerais mieux que l'auteur eût travaillé son œuvre pendant vingt-quatre jours, et qu'elle fût moins rasante. Un tout jeune élève de Diémer, le petit Lazare Lévy, s'y est fait applaudir à tour de bras. — Quant à Jacques Thibaud, il a suscité des délires ; avant qu'il pose son archet sur les cordes, les dames se pâment déjà, toutes, toutes ! Le plus curieux, c'est qu'il joue comme un ange, ce qui ne laisse pas que de surprendre l'observateur, l'observateur aigu, habitué à voir les femmes s'emballer à fond sur des non-valeurs.

À quoi bon vous énumérer les diverses parties, si connues, du *Songe d'une nuit d'été,* charmantes de légèreté féerique, — que de perles égrène la flûte de Cantié ! — mais où Schumann eût souhaité avec raison plus d'originalité, de pittoresque shakespearien... L'ami Soubies expliquait hier que ce compositeur juif, donc avisé, applique avec esprit à la musique la théorie du « juste milieu », et fut le plus classique des romantiques, le plus romantique des classiques. Rien de plus vrai ; c'est pourquoi, mettant au service d'une admirable organisation musicale les terrifiantes facultés d'assimilation de l'israélite, Mendelssohn émonda, d'un sécateur indiscret, les luxuriantes frondaisons de la forêt d'Athènes où Titania voltige. A son œuvre, il manque un grain de folie. C'est le *Sage* d'une nuit d'été.

16 décembre 1898.

Opéra-Comique. — Reprise de *Manon*.

« On l'appelle *Manon*, elle eut hier seize ans »... ou presque, cette partition jolie en laquelle tout séduit les massenétistes purs (presque aussi ridicules que les wagnériens intransigeants), fidèles à prôner la beauté, la jeunesse, la grâce d'une œuvre qu'ils tiennent pour inégalée, et dont ils affirment que « nulle n'a plus de charme avec plus de tendresse ».

Ce n'est point de la musique avancée, non, et M. Saint-Saëns l'étiquetait jadis : « du Gounod cristallisé » ; mais c'est de la musique toujours ingénieuse, et l'accompagnement ininterrompu du dialogue parlé par l'orchestre dans la demi-teinte me semble une trouvaille de prix. Hier soir, cette histoire amoureuse put sembler à certains entachée de quelque afféterie, avec des préciosités sentimentales qui agacent, mais ces miévreries, ne les peut-on excuser en un pareil sujet ? Il s'agit d'une grisette, en somme. Bien entendu, la critique éprouva du malaise devant *Manon* ; M. Jouvin blâma cette musique de venir « en droite ligne d'Allemagne », invariable reproche sous lequel les impuissants cherchent à écraser tout novateur, qu'il s'appelle Massenet ou Vincent d'Indy. D'autres parlèrent d'impressionnisme et traitèrent le compositeur de « Manet musical », pensant l'injurier. Misères !...

Mme Bréjean-Gravière, chanteuse d'expérience, montre dans les passages de violence une fougue indéniable ; elle a fait applaudir, dans les cocottes du 2° acte (inédites, comme l'un des airs du ballet), la netteté brillante de ses vocalises. M. Maréchal, un des Grieux de voix charmante, a beaucoup plu, ainsi que M. Fugère, incomparable dans le rôle du père moralisateur. L'excellent Isnardon compose avec un pittoresque ingénieux et sûr le personnage du sergent Lescaut, indulgent soutien de sa sœur, et

qui semble échappé de quelque tableautin galant
aquarellisé par Leloir.

17 décembre 1898.

Pour ouïr le second acte de *Tristan*, duo gigantesque, formidable scène d'amour interrompue (heureusement pour les deux intéressés qui
n'auraient pu se maintenir longtemps à ce pa-
roxysme), tardivement interrompue par l'arrivée
du roi Marke, mari trompé mais verbeux, on
s'écrasait, hier, au Cirque d'Été. J'en ai placé
de la noblesse ! Vicomtesse de Rochechouart,
comte et comtesse de Chaumont-Quitry, comtesse
de Saussine, comtesse Vitali, prince et princesse
Brancovan, prince Bibesco ; on dirait le registre
d'abonnement du *Gaulois*, remarquait Arthur
Meyer. Et qui encore ? De la littérature : Henry
Céard, Abel Hermant, Albert Sorel ; des artistes : Jacques Blanche, Fix-Masseau, Anquetin
aux yeux ardents. Et aussi M. le comédien
Dieudonné qui s'esbigne avant *Tristan*.

Ecrasante musique, qui flamboie ! Au premier
acte, c'était le frémissement anxieux et trouble
des aveux coupables ; maintenant, l'hésitation a
fui, et le remords, avec la crainte. La sublime
Loi règne seule sur les deux cœurs brisés par

elle, et les jette l'un contre l'autre, éternellement, hors du Jour. Et voici qu'Yseult ne redoute plus de fouler aux pieds sur la délirante ascension des sonorités qui s'enfièvrent, le flambeau de Brangaene, symbole de prudence, dernière concession aux réalités d'ici-bas avant le divin oubli des ténèbres. Mais l'Amour, tant qu'il demeure soumis aux exigences de la chair périssable, l'Amour inassouvi torture délicieusement ses victimes, sans combler le gouffre insondable de leurs rêves.

(Ici, Mme Pénot remet sa fourrure cossue et s'en va, insoucieuse des regards d'indignation que lui dardent les inspecteurs horrifiés !)

Vainement, après la folle commotion des étreintes, Yseult et Tristan cherchent à se leurrer sur la possibilité de la Joie ; vainement ils saluent le soir complice, — *sink hernieder Nacht der Liebe...* — dans le plus suave des hymnes murmuré par leurs lèvres épuisées de caresses, au son d'harmonies extatiques, douces et profondes, comme le velours d'une nuit d'été ! Les misérables contingences de nouveau les vont ressaisir avec l'Aurore, annoncée par la voix inquiète de Brangaene ; leur sang, qui bouillonne plus éperdument après l'idéale trêve, leur rappelle que l'apaisement suprême n'est donné que par la Mort, cette autre Nuit sans limite dans le Temps et dans l'Espace, Nuit définitive vers laquelle tous deux aspirent, aux pulsations du formidable orchestre, écho de tous les désirs humains qui donnent à la Vie sa signification, sa perpétuité, ses ivresses passagères et sa continuelle amertume...

Une immense acclamation gronde et, avec un bruit de tempête, s'élance aux lustres. Mme Jameson (et toute la salle avec elle) applaudit, électrisée, Chevillard, tout en nage, qui a conduit avec une fougue et une passion admirables ; on continue d'acclamer les instrumentistes qui se lèvent et saluent, le cœur imbibé de reconnaissance ; Mmes Jeanne Raunay et Lina Pacary déclarent épatante Yseult Chrétien-Vaguet, sur laquelle je suis moins emballée ; Geloso affirme que les violons se sont couverts de gloire, et il s'y connaît ; Henri Duparc fait des réserves sans nombre sur l'interprétation · Edouard Schuré se remémore les réprésentations munichoises de 1865 et regrette les Schnorr. Je comprends ça !

Non qu'elle ait été particulièrement mauvaise, l'exécution vocale de notre Cirque ; au contraire, j'ai prisé les efforts d'Yseult pour s'assouplir aux passages de tendresse ; j'ai pris plaisir à la voix pure de Mlle Éléonore Blanc lançant, de tout là-haut, l'appel d'anxiété : « Seule veillant dans la nuit... », délicieux élargissement craintif du thème du jour. Mais, sans méconnaître les qualités de M. Cossira (que Joseph Montet a véhémentement applaudi), je serais désireuse de trouver chez lui plus d'intensité nerveuse ; cet

hymne d'amour et de mort où s'enlacent les motifs exacerbés de la nuit, de la félicité, de
l'extase, il ne faut pas le débiter avec tant de
grâce désinvolte, comme du Bemberg ou de la
Chaminade...

Nommerai-je certains nigauds qui s'attar-
daient encore à nier les beautés tristanesques,
titanesques ? Ou m'indignerai-je de leur mauvaise foi ergoteuse ? A quoi bon ? Ce mot reste
si vrai : « Il serait déplorable que certaines
œuvres fussent comprises par certaines gens ! »

Avant *Tristan*, Mlle Clotilde Kleeberg exé-
cuta, non sans talent, un Concerto de M. Théodore Dubois pour piano, que les secondes de
face (4 francs) et les secondes de côté (5 francs)
jugèrent longuet et qui m'a paru fort bien écrit
pour l'instrument, quoi qu'en puissent penser
les mélomanes des hauteurs qui clamèrent : « A
bas Dubois ! A bas l'art officiel ! » C'est une
œuvre que ne sauraient trop étudier les élèves du
Conservatoire, œuvre idoine à développer chez
eux les qualités de clarté et de correcte élégance
qui ont été longtemps l'apanage de la musique
française, telle que la goûte mon vieil ami Camille, musicographe à la *Revue des Deux
Mondes*, orgueil de l'Académie des Inscriptions
et Bellaigue.

Au Châtelet, le *bis* traditionnel et les acclamations de rigueur ont salué la *Damnation de
Faust* et le couronnement du buste de Berlioz.

Mlle Pregi s'est montrée excellente à son ordinaire. Je confesse à M. Colonne que les vers du barde Jean Rameau (très supérieurs aux strophes du sous-barde Pierre Barbier, je l'accorde) ne m'ont pas exaltée plus que l'autre dimanche.

Et toute la province musique : à Nancy, où Guy Ropartz est roi ; au Havre, où Raoul Pugno révèle aux auditeurs des Concerts-Gay le Concerto globe-trotter de Saint-Saëns ; à Bordeaux, où l'*Ouverture de la princesse Maleine*, de Bréville, est goûtée en dépit d'une exécution faiblotte. Au Conservatoire de Paris (souvent départemental lui aussi), la *Symphonie* de César Franck réussit, cette Symphonie qui sembla, jadis, si révolutionnaire que, pour avoir osé l'applaudir, le bon Léo Delibes fut gourmandé par un critique musical... qui ne s'est guère amélioré depuis.

19 décembre 1898.

THÉATRE DE L'OPÉRA. — La *Burgonde*, opéra en quatre actes, de MM. Emile Bergerat et Camille de Sainte-Croix. Musique de M. Paul Vidal.

— Quand ils auront fini leur sabbat, soupirait Rossini, j'écrirai mes opéras !

Qui donc faisait, alors, le sabbat ? Meyerbeer

et Halévy, deux cosmopolites qui, en ces temps reculés, représentaient la musique « française ». Il paraît qu'aujourd'hui encore on reconnaît à leur œuvre cette marque de fabrique nationale, car c'est d'eux que s'inspire M. Paul Vidal, et d'aucuns proclamaient tout à l'heure dans les couloirs de l'Opéra, non sans solennité, qu'avec *Attila*, je veux dire *Gautier d'Aquitaine*, devenu jusqu'à nouvel ordre la *Burgonde*, nous possédons enfin un véritable opéra « français ».

Accepter cette assertion, ce serait tenir la musique française pour une musique sans personnalité et sans dessous, faite de petits « morceaux » sans cohésion, musique réactionnaire, volontairement dédaigneuse des progrès accomplis depuis un demi-siècle, et que la peur de ressembler à *Tristan* conduit à l'imitation de la *Reine de Chypre*. Une manifestation française, la *Burgonde* ? Je suis trop bon Français pour l'admettre.

Le poème, sur la structure duquel on pourrait faire quelques réserves, s'élève au-dessus de l'ordinaire platitude des sujets d'opéra, et les noms des auteurs, artisans éprouvés du vers à la collaboration de qui l'on doit déjà *Manon Roland*, disent assez que la formule ne revêt point les négligences niaises et les solennelles vulgarités coutumières aux Barbier (Jules ou Pierre), notables commerçants en livrets. Sans doute, leur version de la mort d'Attila diffère sensiblement du récit qu'en a laissé le Goth Jornandès ; mais j'avoue n'être point choquée de ces infidélités historiques et l'on doit convenir que la pièce de MM. Emile Bergerat et Camille de Sainte-Croix perdrait singulièrement en intérêt dramatique si le « fléau de Dieu », au lieu d'expirer sous le Glaive, jusqu'alors immaculé, symbole de la gloire des Huns, mourait tout simplement d'un coup de sang, comme on assure qu'il advint.

Trois otages, Gautier, fils du roi d'Aquitaine, Hagen, fils du roi de Worms, et Ilda, fille du roi des Burgondes, ornent le camp d'Attila, vivantes garanties de la fidélité qu'ont jurée leurs pères au vainqueur. Au moment où la pièce commence, un écuyer vient annoncer à Hagen la mort du roi de Worms : il dépend du bon plaisir d'Attila que l'héritier aille régner sur les sujets de son père. Mais le pouvoir a moins d'attraits pour le jeune hoir que le sourire et la beauté d'Ilda, la Burgonde, et quand le Hun lui offre la liberté, il l'accepte avec une indifférence attristée par le regret de laisser auprès de la belle otage Gautier d'Aquitaine, son compagnon de captivité, qui la chérit aussi. Du moins, avant que de partir, veut-il déclarer son amour à Ilda ; mais elle se détourne sans répondre, tandis que Gautier, frémissant, impose silence à Hagen. L'intervention d'Attila révèle alors aux deux guerriers, et au public, l'existence d'un troisième rival, terrible : Attila lui-même.

Il faut fuir au plus tôt : Gautier et Ilda, secrètement protégés par la favorite Pyrrha, conviennent de s'échapper au cours d'un festin où Attila convie ses hordes. Sur l'ordre du maître, Pyrrha chante la légende du Glaive confié à sa garde, du Glaive-Roi : quand les Scythes quittèrent les champs de Magog, berceau de leurs races,

> Au seuil d'un vallon solitaire
> Ce fer par eux fut mis en terre,
> Dressant sa pointe au ras du sol,
> Puis, vers Rome, ils ont pris leur vol...
> Le fer resta vierge sous l'herbe
> Jusqu'au jour où, destin superbe,
> Surgit pour l'arracher de là
> Le fils de Moundzouck, Attila !

Tandis que les convives se détendent dans la béatitude du festin finissant et qu'Attila se laisse distraire par les danses de ses femmes entourant une manière d'insensé, surgi on ne sait d'où (et qui n'est autre que Zurkan, âme damnée de Hagen), Gautier, puis Ilda s'évadent ; mais soudain, le fou ayant signalé leur absence, Attila éclate en une furieuse colère, lorsqu'un cavalier masqué se présente, en qui le bouffon salue son maître et qui se fait fort de retrouver les fugitifs, sous condition qu'Attila lui donnera l'épouse qu'il désire. Attila promet : « Quel que soit son nom, elle sera tienne, si tu reviens victorieux. »

Le cavalier inconnu — en qui, plus subtils qu'Attila, nous avons déjà deviné Hagen, l'amoureux éconduit — rejoint en effet les fuyards et les ramène captifs au camp d'Attila. Il réclame alors le salaire promis et, se démasquant, exige la main d'Ilda. Mais, allègrement parjure, le fils de Moundzouck refuse de tenir son serment : assoiffé de vengeance, il ordonne que Gautier périsse dans les tourments, cependant qu'Ilda deviendra la favorite du maître et la gardienne du Glaive-Roi, repris à Pyrrha. Hagen connaît alors le remords atroce, suite toute naturelle d'un forfait qui reste sans récompense, et, par un brusque revirement, jure de délivrer Gautier ou de mourir avec lui. Embrasé d'une soudaine ardeur, il arrache l'Aquitain aux gardiens qui le conduisent au bûcher et paie de la vie ce tardif héroïsme ; dans le même temps, la Burgonde, armée du Glaive-Roi, frappe mortellement Attila, et les deux amants, réunis, s'éloignent, protégés par la religieuse puissance de l'arme symbolique, vers le beau pays d'Aquitaine, suivis par les cris de douleur des Huns terrifiés.

Dans une récente *Revue de Paris*, M. Combarieu du Bellay, tentant la défense et illustration de l'opéra françois, reconnaissait que l'idée du drame lyrique éperonne notre production musicale et lui fait répudier les ronronnages surannés, idée selon laquelle (je cite de mémoire) le drame doit vivre de vérité, non d'élégances d'écriture, s'affirmer débordant de passion et de vie, et ne pas s'éparpiller en hors-d'œuvre où se complaît la virtuosité de l'interprète... Or, j'ai le regret de constater que ces « ronronnages » ne semblent pas du tout surannés à M. Vidal. Point d'idée directrice dans sa musique (pourtant le Glaive d'Attila méritait d'inspirer mieux que ces faciles rappels), pas de psychologie, pas d'unité. Le compositeur use des leimotifs, mais avec un tel arbritraire qu'il en dote tous ses personnages, sauf les deux principaux, Attila et Pyrrha ! Ses quatre actes sont découpés en cantabile romance, arioso, etc., aisément détachables, et dont j'espère, avec l'éditeur Choudens, qu'ils seront bientôt « sur tous les pianos, » mais qui constituent moins un opéra homogène qu'une carte d'échantillons.

Analyser cette mosaïque serait ardu, — d'autant plus que la partition n'est pas encore publiée, — et d'ailleurs que pourrait-on dire ? A chaque morceau décerner une épithète, indiquer que le troisième acte module insuffisamment et que le Chant du Glaive est en *mi bémol*, signaler dans l'accompagnement la prédominance de tel ou tel timbre, puis, après avoir analysé un à un ces menus fragments dont se compose le tout nommé opéra, après avoir inscrit chacun d'eux dans la colonne *Bon* ou *Mauvais*, faire la balance pour motiver une opinion sur l'ensemble? Non! Je sais trop que le total l'emporterait de la colonne des vulgarités, colonne fort chargée, et que l'on peut regarder sans se sentir fier d'être Français.

Non que l'habileté fasse défaut à M. Vidal : tous les effets connus, tous les trucs avec lesquels l'a familiarisé une longue et avisée pratique de l'Opéra se sont donné rendez-vous dans sa partition; c'est — exotisme aguicheur — le motif petit-russien chanté au début, et le chœur du deux emprunté à la troupe cosaque jadis campée galerie de Machines; c'est les adroites vigueurs orchestrales renforçant l'improvisation de bombance guerrière accompagnée par les gesticulations sans charme de danseurs qui secouent leurs fausses barbes à ces rythmes de coupe et d'épée; c'est la berceuse éperlée aux bords de la Dordogne par Gautier d'Aquitaine, langoureusement; c'est le récit de bataille magnifiquement clamé par Mme Héglon qui, dans la *Cloche du Rhin*, narrait déjà un combat à la cantonade; c'est la joliesse pâmée des harpes frémissant sous les grâces prévues d'un duetto d'opérette dont l'insistante câlinerie en *ré* me persécute : « O dieu d'amour ! O dieu du jour ! » Et des chevaux, et des festins, et des pantomimes, et tout ce qu'il faut pour justifier le dict schopenhauérien touchant l'opéra fabriqué d'après le concept barbare d'une « jouissance esthétique accrue par l'accumulation des moyens ».

Le ballet de la *Burgonde* révèle chez M. Hansen d'insoupçonnés mérites de globe-trotter : tour à tour défilent devant nos yeux égayés Chinois, Turcomans, Kosaks, vingt autres nationalités d'un orientalisme un peu flou ; quelques amusettes d'instrumentation, entre autres un réjouissant effet de mustel et même quelques tringles de sistres empruntés à Bizet, enjolivent ce « tour du monde » en quatre-vingts minutes — un peu moins, car d'indispensables coupures furent opérées depuis la répétition générale — qui semble réglé par l'agence Cook.

Récalcitrant à l'évolution musicale moderne, M. Paul Vidal s'obstine aux formules désuètes ; même d'inconscientes réminiscences le hantent ; s'il n'a rien appris, il n'a rien oublié. Chantée avec ampleur par Mme Héglon qui lui donne un relief saisissant, la légende du Glaive-Roi peut faire un instant illusion ; n'empêche qu'elle est construite sur un thème de la fugue en *ré* de Bach, rythmée selon la *Fantaisie hongroise* de Liszt. A ceux qui feuillettent encore — et certes ils ont raison — les partitions de Gounod, le sommeil d'Ilda rappellera trop précisément celui de Juliette.

Du moins, si les idées mélodiques de M. Vidal ne m'agréent que modérément, je tiens à constater, avec tout le monde, que son expérience

approfondie du vaisseau de l'Opéra l'a conduit à
écrire un orchestre qui sonne de belle manière,
— « encore que rarement polyphonique », disaient
quelques-uns ; « à cause de cela », selon moi, —
orchestre où le quatuor domine, où les instruments, presque toujours employés par groupes
homogènes, ne remplissent le plus souvent qu'un
rôle exclusif de sonorité, orchestre plein, brillant, — j'y insiste avec plaisir.

L'interprétation est supérieure. M. Delmas a
voulu être autre chose que le « beau Delmas »
traditionnel ; avec ses tresses, son chignon, son
masque grimaçant de Mogol, il s'est rapproché
autant que possible de la sauvage « bête à deux
pieds » décrite par Ammien Marcellin, qu'il n'est
pas sans avoir consulté. Ce n'est pas la faute de
M. Alvarez — Gautier de fort bonne mine — si
les strophes enamourées de sa berceuse :

> L'ombre fraîche des ramées
> Verse doucement
> Sur les mousses parfumées
> Son frémissement...

ont inspiré au musicien une mélodie douloureusement semblable à *Enfant, je t'adore*, de
Mlle Chaminade, et qu'il ténorise d'ailleurs avec
un plaisir évident. Dans Hagen, nom de fourbe-
rie s'il en est, M. Noté se montre traître à souhait,
énergique et bien disant ; et M. Vaguet compose un Zerkan de voix incisive, de diction pré-

cise stillant une ironie haineuse, *alla* Mime. Il
faut admirer la beauté farouche, l'autorité et,
au dernier acte, la désolation poignante de
Mme Héglon. Enfin, si Mlle Bréval n'a pas
l'occasion, en Ilda, personnage de douceur un
peu monochrôme, sauf à la dernière scène, de
déployer ses qualités tragiques, elle est de ligne
vraiment charmante.

En somme, le grand coupable, en l'espèce, me
semble M. Gailhard; l'amour du « pays »
l'aveugle. Qu'il y ait des Toulousains de grand
talent, nul ne songe à le nier : MM. Falguière,
Silvestre, Georges Leygues, d'autres encore ;
mais il ne suit pas de là que tout musicien tou-
lousain soit, en raison de ce privilège ethnique,
idoine à réussir un opéra en quatre actes.
M. Gailhard doit en être certain aujourd'hui et
reconnaître qu'en demandant une *Burgonde*
à l'auteur de ce délicieux *Noël*, qu'on n'a pas
oublié, il s'est exposé bien imprudemment à voir
un compositeur, qui anima d'une musique vivante
les marionnettes de Maurice Bouchor, écrire
pour les personnages vivants de MM. Bergerat
et de Sainte-Croix une musique de marionnettes.

24 décembre 1898.

Hier, dans la sonore petite salle du Conservatoire, nous avons entendu, exécuté en perfection et cordialement applaudis par un public fervide, le *Miracle des Perles*, de M. Büsser; un *Ave Maria*, de M. Büsser; un *Tu es Petrus*, de M. Büsser, et diverses autres musiques envoyées de Rome par M. Büsser. Après quoi, le chef d'orchestre Taffanel, le chef des chœurs Marty et Mme Emile Bourgeois, qui m'a semblé vigoureuse, charrièrent sur la scène, parmi des acclamations en tempête, M. Büsser.

Ce jeune Prix de Rome, lauréat en 1893, a choisi, pour sujet de sa cantate (étiquetée « drame lyrique », j'ignore pourquoi), un fait divers entaché de quelque invraisemblance ; jugez plutôt. La femme d'un fonctionnaire des environs de Narbonne, ayant trompé son mari avec un nommé Calixte, reçoit (si j'ose ainsi dire) du séducteur un fils nommé Maxime, qui disparaît enlevé par le père. Quinze ans après, la pauvre femme ayant du chagrin, Calixte vient la consoler (elle ne le reconnaît pas) et lui dit : « Allez donc à Narbonne voir l'évêque; ça vous fera du bien ». Elle obéit et, dans l'église, entend chanter un joli enfant de chœur qu'elle trouve charmant... bien entendu, c'est son fils adultérin Maxime, mais elle ne le reconnaît pas plus qu'elle n'avait reconnu le père de cet aimable soprano. C'est une femme étonnamment distraite. Elle se confesse, pleure et ses larmes deviennent des perles, métamorphose réservée de nos jours aux huîtres, mais qui se produisait quelquefois vers l'an 300, — car j'ai oublié de vous informer que l'anecdote se passait sous l'empereur Maximien, non sous Félix Faure.

La musique de M. Büsser n'a rien de désagréable, rien non plus de très personnel; l'imitation de Notre-Seigneur-Massenet y est flagrante, avec les unissons pâmés des cordes, et les larges affusions mélodiques, et la tendresse tôt muée en mièvrerie — comme dans la prière, couverte de bravos, du *Miracle des Perles* — sans préjudice des souvenirs de Gounod, indélébiles. Mais l'orchestre sonne à ravir, et l'ingénieux usage des bois fait passer sur l'abus du violoncelle aux câlineries banales.

Les motets, tous quatre fort applaudis, ne m'ont plu qu'avec motetration; trop peu eucharistique, à mon sens, l'*O sacrum convivium* solidement chanté par M. Laffitte; trop dramatisé l'*Ave verum* (d'une déclamation peut-être arbitraire mais intelligente); trop minaudier l'*Ave Maria* pour voix de femmes; voyez-vous, Büsser, c'est fini le beau temps de la musique théâtrale à l'église, vous devriez fréquenter la *Schola cantorum.*

A propos! Julien Tiersot, qui assista derniè-

rement à la fête d'inauguration de ladite
« Schola » se déclara émerveillé, quand on passa
les rafraîchissements, de ce que Charles Bordes
(attention) se colla quant au rhum...

25 décembre 1898.

Peste ! pour notre petit Noël, monsieur le
gendre du patron nous a confectionné un programme corsé. Tout à l'amour ! mais à l'amour
humain. On eût dit un concert spirituel à la
gloire de l'éternel féminin : *Léonore*, miracle de
conjugale tendresse ; la *Naissance de Vénus*
(au lieu de celle du Sauveur ! Espérons que mes
virginales intercessions obtiendront le pardon de
Chevillard-Tannhæuser) ; enfin *Tristan*, que
l'ami Saint-Auban appelait naguère. « une philosophie qui chante ».
Certes, elle chante, elle chante si bien, cette
philosophie frénétique, qu'on entend bien peu les
paroles, et c'est tant mieux, l'aspect inquiétant
de ces métaphores coruscantes, de ces balbutie-
ments audacieux, de ces exclamations délirantes,
admirables dans le cadre nocturne de Bayreuth,
sous l'atténuation des ténèbres indulgentes, mais
qui semblent convulsives au concert, éclairées
par le jour cru des lustres, jetées à la face des

élégantes snobinettes de *five o'clock tea* qui fréquentent le Cirque des Thés...

Curieux, les visages des auditeurs, pendant cet acte ! Au parquet, des mélomanes feignent l'extase qui, gênés par tant de tragique passion épanouie, voudraient bien s'en aller. De grosses dondons, anémiées, sourient niaisement, faisant un vain appel à leurs souvenirs. Et là, aux loges de gauche, voyez ce jeune couple, d'une élégance un peu rasta : Madame, — exquisement blonde, — les narines battantes, le corsage bondissant, la bouche entr'ouverte, les yeux troubles, boit, avide, le philtre des sonorités grisantes ; et quand, hors du jour aux précisions cruelles, les consacrés de la nuit — *Nacht geweihte* — invoquent, pour assouvir la dévorante ardeur de leur passion, l'empire merveilleux de l'Ombre, la jolie écouteuse, avec un geste félin, se retourne, si souple, vers son mari !... Torpide, il ronfle. Quel regard de mépris elle darde, alors, sur le poussah écroulé ! Je ne suis pas riche, mais je parierais bien un mois d'appointements que ce sommeil intempestif est sa condamnation. Avant trois semaines, voilà un gros monsieur qui ne pourra plus passer sans baisser la tête sous l'Arc de Triomphe, peut-être sous l'arc-en-ciel...

Comme elle chante, cette philosophie ! (Amic en pleurait, Charles Joly suçait le pommeau de sa canne à croire qu'il voulait l'avaler.) Elle déborde de mélodie, au sens éternel du mot, — et, certes, les italianismes y foisonnent, mais qu'importe ! — Cette philosophie qui disserte lyriquement, incroyable d'ampleur, sur l'antithèse à la fois pittoresque et psychique de la Nuit et du Jour, cette philosophie qui s'inquiète, qui s'exaspère, qui sourit du sourire charmeur de la déesse Minne, qui s'exalte aux sonores paroxysmes pour s'éteindre dans le murmure énamouré de l'Hymne Nocturne et renaître encore, fouettée par l'avertissement de Brangaene, à la volupté prodigieuse qui, plus tard, nimbera la mort d'Yseult, c'est... Ma phrase est assez longue comme ça, je l'arrête ici.

L'enthousiasme a été plus violent encore que dimanche dernier, mais l'exécution moins bonne. Peut-être notre capellmeister français a-t-il montré plus de sagesse que Mottl et retenu plus longtemps que ne fait le fougueux chef d'orchestre de Carlsruhe ses musiciens encapuchonnés, de qui l'impatiente ardeur s'énervait. (Je préfère, d'ailleurs, son souci de perfection, dût-il refroidir, aux bousillages de certains.) Peut-être quelque chanteuse a-t-elle manqué une attaque et, persévérante, conservé pendant plusieurs mesures son avance sur l'orchestre. Peut-être la mollesse de l'amant qui exagère la soumission effective (indéniablement voulue par Wagner) de Tristan à Yseult risque-t-elle de rompre l'équilibre du duo. Peut-être l'illogisme de cette musique dramatique jouée au concert finit-elle par me sembler intolérable, — car, enfin, nous blaguerions un sourd qui prendrait un fauteuil à l'Opéra-Comique pour regarder une représentation de *Manon* sans pouvoir entendre la partition de M. Massenet, et nous, aveugles volontaires, nous acceptons d'écouter la musique accompagnant une action sans voir cette action elle-même.

D'ailleurs, je le répète, l'auditoire ne fait pas les mêmes réserves que moi, — ah ! pour la réserve, je ne crains personne : voilà ce que c'est que d'avoir reçu une éducation de choix aux Oiseaux (et aux petits oignons). — Raymond Bouyer applaudit, une flamme d'admiration dans ses beaux yeux pensifs ; Maurice Bagès et Millot songent, — à quoi rêvent les jeunes ténors ? — ce kosak d'Eugène Morand exulte ; Marty semble préférer dans le rôle de Brangaene d'autres cantatrices que Mlle Eléonore Blanc, pourtant fort goûtée malgré la fatigue qu'a dû lui causer sa participation à la messe de minuit célébrée à Rosny, chez Mme Lebaudy ; Vaguet, au contraire, déclare Yseult inégalable ; Parès affirme que l'orchestre du Cirque d'Été approche de celui de la garde républicaine ; Chiron (homme sans torts) me vante les mérites du *Conte de Mai* perpétré par Bernac et Gaston Paulin ; le pianiste Grovelez s'ingénie, pour conquérir les dames, à ressembler au violoniste Thibaud ; Catulle Mendès épanche son enthousiasme pour *Tristan* en métaphores point banales : « Comme il déroule largement ses anneaux, le serpent mélodique du thème de l'amour ! Comme il enlace les amants dans les caresses qui, plus étroites, les étoufferaient et leur feraient rendre l'âme — ô délices ! — dans la bouche l'un de l'autre ! » Puis Chevillard salue une dernière fois, l'orchestre se lève, mitraillé de bravos, les applaudissements finissent par s'éteindre, on gagne la sortie... et Mme Desgenetais opère son entrée.

Remarqué maintes élégantes nichées dans leurs fourrures, et si lasses des soupers de la nuit ! O chinchilla et xylostome ! O dyspepsie et martre zibeline ! O réveillon et Révillon !

26 décembre 1898.

Théatre de l'Opéra-Comique. — *Fidelio*, opéra en trois actes et quatre tableaux, texte français d'Antheunis, récitatifs de Gevaërt, musique de Beethoven.

Fidelio est d'origine française, mais gardons-nous d'en tirer vanité : rien de plus médiocre que la pièce initiale, un larmoyant « fait historique » de Bouilly (musique de Gaveaux) représenté à l'Opéra-Comique sous le titre de *Léonore*, le 1er ventôse de l'an VI. Malgré sa gaucherie, ce scénario ne laissa pas que de recevoir les honneurs d'une traduction en italien, prétexte d'une partitionnette aimable dépêchée par le maëstro Paër, alors en vogue auprès des mélomanes autrichiens ; et c'est précisément cette version *Leonora ossia l'amor congiugal*, qui charma Beethoven le jour qu'il l'entendit à Vienne. Naïvement cruel, le grand homme laissa tomber cette confidence dans l'oreille du pauvre auteur qui pensa suffoquer : « Cher Paër, il faut absolument que je mette votre opéra en musique ! »

Exposons, avec tout le sérieux requis, ce sujet dont trois compositeurs, coup sur coup, s'éprirent :

Un certain Pizarre, homme aussi redoutable par sa cruauté que méprisable pour la noirceur de son âme, retient et laisse mourir de faim, aux environs de Séville, dans une prison d'État dont il est le gouverneur, son ennemi don Florestan, citoyen vertueux. La femme de ce dernier, Léonore, a réussi, déguisée en jeune garçon, à se faire engager comme domestique par le geôlier Rocco. Même, la sensible Marceline, fille de Rocco, séduite par l'aimable visage de Fidelio — c'est le nom qu'a donné Léonore — s'éprend du serviteur supposé et délaisse pour lui son amoureux Jacquino. Cependant le ministre don Fernand, mis au fait des atrocités commises par le gouverneur, a résolu de visiter la prison

et d'interroger lui-même les captifs : une lettre
anonyme annonce son arrivée prochaine à Pizarre. Alors ce tigre à face humaine décide qu'il
égorgera de sa main et sur l'heure son prison-
nier. Rocco, qui a reçu l'ordre de creuser une
fosse dans un coin du cachot, accepte, pour ce
lugubre office, l'aide de Fidelio et, sur la prière
de son compagnon, consent à donner quelque
nourriture à l'infortuné Florestan ; celui-ci, de
qui un misérable souffle de vie soutient à peine
les forces défaillantes, ne reconnaît pas, en ce
jeune homme pitoyable, l'épouse si chère dont
l'absence, au seuil de la mort même, demeure
son plus cruel tourment. Survient l'indigne Pizarre qui, avant de mettre à exécution son lâche
dessein, raille et outrage son innocente victime,
mais, au moment où, le poignard levé, il s'avance
vers Florestan, Fidelio s'élance entre eux et, un
pistolet à la main, menace le bourreau, soudain
stupide d'effroi.

A ce moment, une sonnerie de trompette annonce l'arrivée du ministre don Fernand : comment décrire la joie de ces époux enfin réunis,
après tant d'alarmes ? Don Florestan, les yeux
baignés de larmes heureuses, presse sur son
cœur la courageuse Léonore ; tandis que Rocco
célèbre par ses chants joyeux le triomphe de la
vertu opprimée et que la volage Marceline elle-
même, bientôt consolée du « déboire affreux »
qu'elle éprouva en reconnaissant une femme dans

ce Fidelio imprudemment chéri, rend à l'amoureux Jacquino sa tendresse et sa foi.

Que cette affabulation niaisement romanesque ait séduit Beethoven, on pourra s'en étonner, mais non le mettre en doute : lui-même exigea ce pauvre sujet, lui-même l'imposa au baron Braun, directeur du théâtre « An der Wien », lui-même en remania plusieurs fois le poème, prodiguant à Sonnenleither les conseils, collaborant avec ce nigaud, les Mémoires de Treitschke l'affirment, formellement. Aussi bien, le ridicule du texte, pallié par la traduction de Durdilly comme par celle d'Antheunis, provient de la sensiblerie poncive où s'affadit le librettiste viennois plutôt que de la donnée, à mon sens tolérable, excellente même selon Teodor de Wyzewa qui écrivait jadis : « Un sujet idéal le plus beau qui soit, un cœur de femme n'ayant à faire que d'être ému, et ayant à l'être de toutes les émotions possibles, l'amour, le regret, la crainte, l'espoir, la haine, la supplication, la feintise, la reconnaissance, la piété, la passion sensuelle triomphante, voilà quelques-uns des sentiments que le livret de *Fidelio* a octroyés à Léonore. »

Si l'on peut discuter le mérite de la fable, la pensée musicale qui anime *Fidelio*, toujours grandiose et pénétrante, est unanimement tenue pour une merveille, planant à des hauteurs où le seul Gluck sut atteindre. Autour des émotions de *Léonore*, centre de l'œuvre (dit encore l'auteur de *Beethoven et Wagner*, excellemment), le compositeur a disposé un drame, un fragment de vie, avec divers personnages ayant des émotions à eux, des émotions qu'ils expriment avec plus ou moins d'intensité, suivant qu'ils touchent de plus ou de moins près au sujet central. Et pas un moment, dans la traduction de ces sentiments diversifiés à l'infini, la force expressive de la musique ne faiblit ; c'est le chef-d'œuvre de l'opéra selon la forme de Gluck.

A la vérité, *Fidelio* n'a jamais remporté que des demi-succès, significatifs pour ceux qui mesurent la valeur d'une œuvre à l'étiage des recettes. A côté des jugements ignares colligés par Wilder dans sa commode biographie de Beethoven, — « musique sans effet et pleine de répétitions fastidieuses... œuvre sans originalité, sans invention et sans style... » — je pourrais ajouter bon nombre d'autres appréciations. Toutes notent l'ennui de l'auditoire. Le *Moniteur universel* le constatait il y a trente ans : « On se met à genoux devant Beethoven, mais on bâille ».

Si l'œuvre n'a jamais rencontré, suivant la remarque du *Mémorial*, que des auditeurs respectueux mais froids, c'est que ses beautés la desservent ; Berlioz l'a montré à plein dans une vieille page, immortellement jeune : « Ce qui nuit à la musique de *Fidelio* auprès du public parisien, c'est la chasteté de sa mélodie, le mépris souverain de l'auteur pour l'effet sonore quand il n'est pas motivé, pour les terminaisons banales, pour les périodes prévues : c'est la sobriété opulente de son instrumentation, la hardiesse de son harmonie ; c'est surtout, j'ose le dire, la profondeur même de son sentiment de l'expression ».

La gêne du public se peut expliquer par d'autres raisons encore ; on sait que Beethoven remaniait infatigablement, au point qu'Otto Jahn, ahuri par tant de versions multiples ne comprenait pas comment, de cette poussière musicale, pouvait se dégager une œuvre organique aussi nettement développée. *Fidelio*, de même que *Tannhæuser*, fut refondu une dizaine d'années après la première représentation, et l'on s'en aperçoit à la dissemblance profonde qui sépare les deux parties. Dans la première, presque toute d'un style familier qui côtoie souvent l'opéra-comique, l'influence de Mozart domine : le charmant canon à l'octave, *Je veux douter en vain*, rappelle le deuxième finale du *Cosi fan tutte* et l'air de Léonore se souvient d'*Idoménée* ou de *Titus*. Au contraire, la seconde partie semble écrite un demi-siècle plus tard : c'est du drame, voire du mélodrame romantique ; merveille, le tragique quatuor de la prison ; merveille, le duo des époux (toujours inécouté) ; quand au finale, où déjà se pressentent les sublimités de la *Symphonie avec chœurs*, ni Hændel, que Beethoven a étudié toute sa vie, ni Wagner, dans la péroraison des *Maîtres*, n'ont rien trouvé qui se déroule avec plus de magnifique ampleur.

Encore que ce disparate puisse déconcerter quelques-uns, la coupure du premier acte en deux moitiés, opérée par M. Gevaërt, ne laisse pas que de sembler dangereusement arbitraire : l'opéra allemand, créé par Mozart avec la *Flûte enchantée*, est un genre essentiellement régulier, comportant deux actes symétriques, avec leur introduction instrumentale, leurs ensembles coupés par des airs et, au bout, le finale. Sectionner un acte, c'est le défigurer, c'est détruire l'unité de la pièce. De même, je ne saurais accepter que sous réserves les récitatifs substitués au dialogue, bien que cette déclamation musicale, aussi rapprochée que possible de l'accent du langage, soit effectuée avec une habileté et une discrétion indéniables. Dans les opéras italiens (*Don Juan, Cosi fan tutte*), le récitatif était chanté, parlé dans l'opéra allemand ; et Beethoven se déclarait satisfait par-dessus tout de la façon dont il avait entremêlé de l'orchestre à son parlé, dans la scène de la prison : cet admirable et sublime effet disparaît dans l'arrangement de M. Gevaërt. Ne touchons pas aux chefs-d'œuvre ; qui s'aviserait de mettre en vers les passages en prose de la *Psyché* de La Fontaine ?

Le succès, hier soir, a été complet, grâce à

l'intelligente façon dont l'Opéra-Comique a monté *Fidelio*, grâce, surtout, à M. Messager, serviteur respectueux du rythme, vers qui d'unanimes applaudissements sont descendus après l'ouverture de *Léonore*, intercalée entre le premier et le deuxième acte, selon la mode allemande. A la vérité, quelques amateurs, sans doute pour prendre tournure de wagnériens audacieux, déploraient dans les couloirs que le Maître de Bonn eût détaillé son œuvre en airs, trios, ensembles, conformément aux coupes anciennes... Laissons dire les snobs, ce « vieux-jeu » a son prix, quand c'est Beethoven qui l'emploie. Sous les apparences d'un opéra à l'italienne, *Fidelio* est bien en réalité un « drame musical » peignant avec une insondable profondeur le sentiment des caractères et des âmes, et nous faisant pénétrer jusqu'à la plus intime essence dans la psychologie des personnages, n'est-ce pas, Soubies ?

M. Vergnet est un Florestan grassouillet de jolie voix, mais modérément dramatique ; M. Bouvet présente un Pizarre de qui la férocité conventionnelle n'a pas été jusqu'à exciter le rire ; M. Gresse a plu en don Fernando *ex-machina*, comme M. Carbonne et Mlle Laisné en amoureux d'orérette. Mme Rose Caron s'essayait au rôle dangereux de Léonore dans lequel Mme Viardot elle-même ne réussit qu'à moitié. Certain journal du temps relata que la voix de

Léonore, « dès qu'elle voulait atteindre aux notes aiguës, tournait à l'aigre ». Ce jugement, aujourd'hui encore, serait de mise.

31 décembre 1898.

Des querelles s'émeuvent autour de *Mignon* à qui j'aurais cru des vertus plutôt calmantes. Pour avoir méconnu les splendeurs de cette œuvre, l'excellent musicographe Etienne Destrange est injurié à plume-que-veuxtu par les galfâtres du *Monde musical* (une bien jolie boutique dont il faudra quelque jour s'occuper.) La *Revue des Beaux-Arts*, autre admiratrice d'Ambroise Thomas, appelle ce prédécesseur conservatoral de M. Théodore Dubois « un véritable méconnu », titre qu'elle concède également à Félix Clément (!), tout en le refusant à César Franck (!!) et à Berlioz (qu'en dis-tu, Prod'homme) ? L'auteur de ces fantaisies, M. le comte Boselli, qui entasse à propos de Weber et Wagner des preuves de réjouissante ignorance, prétend innover : « Si l'on essayait de donner le premier et le troisième acte de *Mignon* en supprimant le second, le résultat serait intéressant. » Tu parles ! Mais on pourrait aussi jouer les trois actes en supprimant un mot sur trois ; ça ne dure

15.

rait pas plus longtemps que la combinaison Boselli, et le résultat serait « intéressant », lui
aussi. Quel rêve, d'entendre la sempiternelle ren-
gaîne ainsi rajeunie : *Connais le pays fleurit
l'? Le pays fruits d' et des vermeilles!...*
Mais laissons les incohérences de ce comte à
dormir debout.

*
* *

L'incident Grieg. — Résumons-le : M. Colonne annonce un festival Grieg.

(J'ouvre une parenthèse pour rappeler que le
public français avait déjà savouré cette ivresse,
il y a quelques années ; personnellement je ne
m'étais pas emballée sur ce griegalet de cappell-
meister semblable à un « bistro » chafouin, sur
ce maëstroquet conduisant sans ampleur de petites phrases de quatre mesures, sempiternelle-
ment. Mais je ferme la parenthèse, à cause des
courants d'air.)

A l'offre de M. Colonne, le compositeur sep-
tentrional, dont la musique n'adoucit pas le caractère, répond par un poulet batailleur, explosif
même, un poulet de canon, quelque chose dans
ce goût : « Je ne ficherai plus les pattes dans un
pays assez ignoble pour ne pas avoir nommé
Dreyfus ministre de la guerre ».

Sur ce, la Presse bouillonne et les journalos se

prennent aux cheveux (je ne crains rien de ce
côté-là) : les Français qui, comme Grieg, trouvent la France un pays pourri, acclament l'aimable
Norvégien et l'élèvent à la dignité de génie universel. Les partisans du « Charbonnier maître
dans sa maison » traitent le correspondant de
M. Colonne de raté juif et l'e...mbouchent comme
du poisson pas frais ; double exagération, car le
musico de *Peer Gynt*, point raté, point génial
non plus, ne mérite ni cet excès d'horreur ni
cette dignité. Impassible, le directeur des Concerts du Châtelet (au fond très embêté), déclare
qu'il « estime Grieg profondément » et qu'il fes-
tivalera quand même ce malotru. La question en
est là.

Si M. Colonne tient à ce qu'on chambarde les
fauteuils de son usine à doubles-croches, il a parfaitement raison de se cramponner à son idée,
sinon, — il peut s'en rapporter à moi de qui la
sympathie pour le Châtelet n'a pas encore eu le
temps de s'user, — sinon, qu'il estime Grieg
aussi « profondément » qu'il le voudra, mais à
huis clos, et que, d'ici quelque temps, il supprime de ses menus musicaux cet anchois de
Norvège ; les Parisiens refusent de l'avaler.

Le croque-notes gallophobe en sera quitte
pour se faire applaudir à Lédignan (la grange
sise cul-de-sac Picquart, près de la Fosse Zola,
servira de salle de concert), par les mélomanes
de cette ineffable bourgade dreyfusomaniaque,

dont le maire, aux sons de la *Danse d'Anitra*, exécutera, de façon à réjouir les mânes de ses ancêtres camisards, un (Jean) Cavalier seul.

Et surtout, surtout, que M. Colonne, pour excuser son « Wahdlagheull » (c'est un mot scandinave qui signifie « mal embouché »), n'aille pas invoquer l'exemple de Wagner! On le réfuterait trop aisément : l'auteur de *Tannhauser*, nous l'avions insulté, et quand il s'est vengé (pièt-rement, je n'y contredis pas), son pays guerroyait avec le nôtre ; tandis que ce petit Grieg, on l'invite gentiment, et il cherche à nous envoyer son pied dans la figure. Ah non ! Tu nous la paieras, Grieg d'égout !

Et puis, enfin, Wagner était Wagner, que diable, et tel qui ne trouvera jamais déshonorante la morsure du lion s'insurgera contre la ruade d'un Grieg. (Je vous développerais cette thèse si j'avais un peu plus de temps à moi.)

En vertu de ces raisons et de quelques autres, je parie une Harpe-Lyon contre la guitare d'un chanteur des rues que le subtil Colonne se gardera de nous vouloir imposer, avant que beaucoup d'eau ait passé sous le pont du Châtelet, le festival de son scandinavorton, dont l'absence ne suffirait certes pas à empêcher les sifflets. Faute de Grieg, il aurait les merles !

INDEX

DES PRINCIPAUX NOMS CITÉS DANS LE VOLUME

D

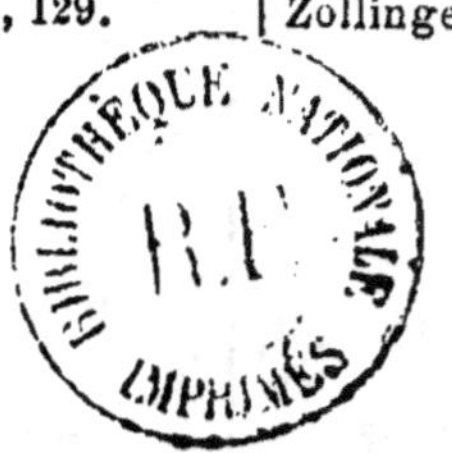